MÉMOIRE JUSTIFICATIF

DE LA

Vie du Bienheureux Louis-Marie GRIGNION DE MONTFORT

PAR

L'ABBÉ J.-M. QUÉRARD
MISSIONNAIRE

EN RÉPONSE A QUELQUES CRITIQUES

RENNES
HYACINTHE CAILLIÈRE, LIBRAIRE-ÉDITEUR
2, Place du Palais, 2

1888

MÉMOIRE JUSTIFICATIF

DE LA

Vie du Bienheureux Louis-Marie GRIGNION DE MONTFORT

MÉMOIRE JUSTIFICATIF

DE LA

Vie du Bienheureux Louis-Marie GRIGNION DE MONTFORT

PAR

L'ABBÉ J.-M. QUÉRARD

MISSIONNAIRE

EN RÉPONSE A QUELQUES CRITIQUES

RENNES

HYACINTHE CAILLIÈRE, LIBRAIRE-ÉDITEUR

2, Place du Palais, 2

1888

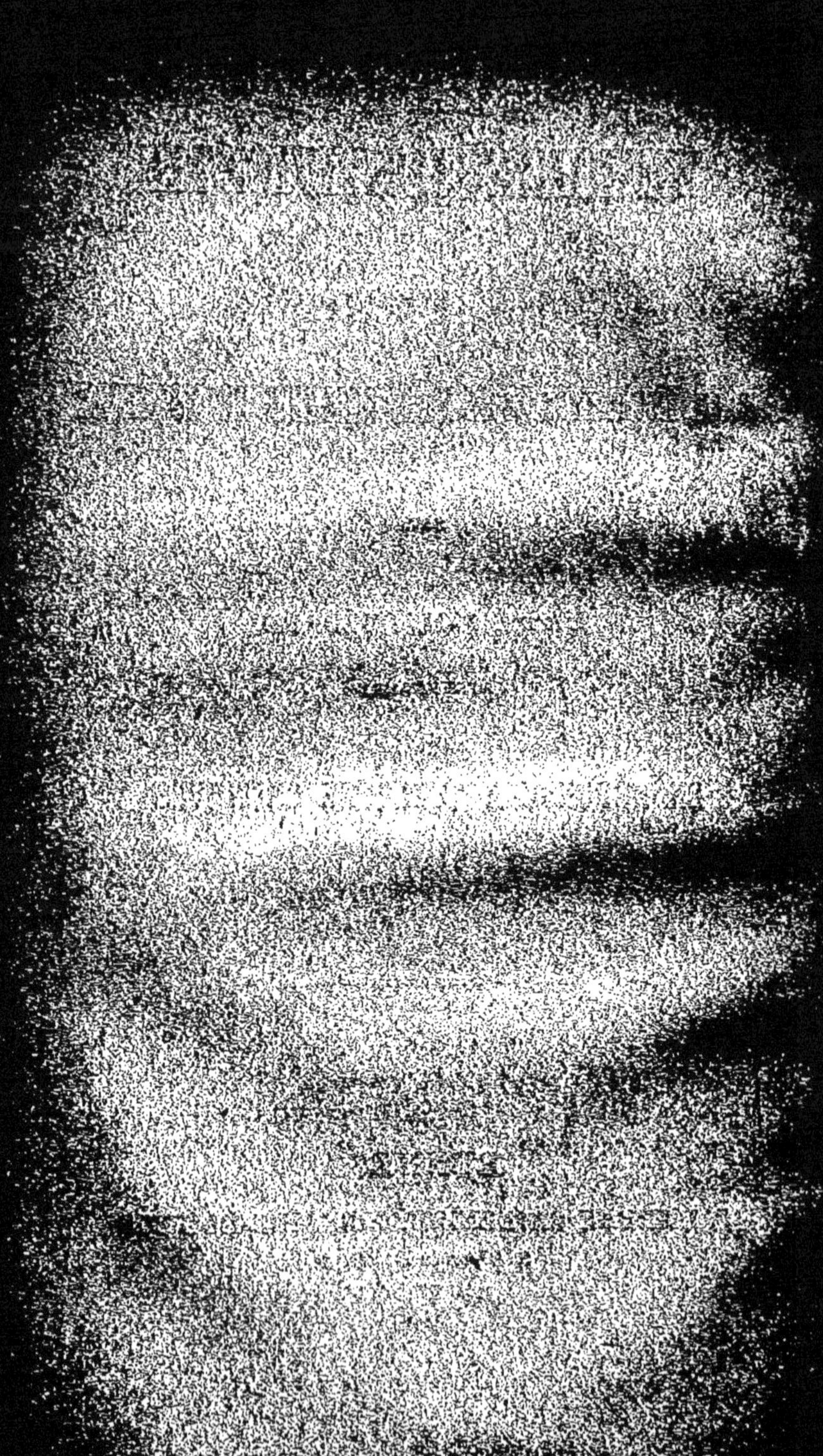

MÉMOIRE JUSTIFICATIF

DE LA

Vie du Bienheureux Louis-Marie GRIGNION DE MONTFORT

PAR

L'Abbé J.-M. QUÉRARD

MISSIONNAIRE

EN RÉPONSE A QUELQUES CRITIQUES

> **Ergo inimicus vobis factus sum, verum dicens vobis ? *Galates*, IV, 16.**

I

Dans nos études sur la vie et les œuvres du Bienheureux Louis-Marie Grignion de Montfort, nous avons rencontré sur notre chemin le bénédictin D. Lobineau et nous avons dû le signaler comme un écrivain janséniste très dangereux, et d'autant plus dangereux que sa qualité de moine et de biographe des saints de Bretagne l'a fait passer pour un historien sérieux et digne de confiance.

Cependant, malgré les preuves que nous avons données de ses erreurs et de ses tendances à rejeter le surnaturel et l'authenticité de faits nombreux qu'il passe sous silence ou dénature dans ses œuvres historiques, il se trouve des critiques qui ne nous pardonnent pas de l'avoir dénoncé dans la *Vie du Bienheureux Montfort*, comme un ardent sectaire de l'hérésie jansénienne et un ennemi acharné de ceux qui la combattaient. Ayant entrepris d'écrire la vie complète et la mission providentielle du grand apôtre de la Bretagne et de la Vendée, pouvions-nous passer sous silence et laisser dans l'ombre l'un de ses plus perfides persécuteurs? Ce n'était pas possible, car l'infernale opposition que les jansénistes firent au serviteur de Dieu, en Bretagne comme ailleurs, fait partie de son histoire, et révèle, de ce côté comme à tout autre point de vue, la grandeur de sa mission. Si nos censeurs avaient bien connu le moine bénédictin, ils ne nous auraient pas fait un crime de maltraiter celui qu'ils appellent le *pieux* Lobineau. Ami de la vérité doctrinale et historique, ils nous sauront gré d'avoir stigmatisé les erreurs contraires, et D. Lobineau lui-même, si Dieu lui a fait miséricorde, se réjouira de voir réparer en partie le mal qu'il a fait.

Tous les ouvrages composés par les Jansénistes au XVIIe et au XVIIIe siècle ne semblent avoir été composés que pour insinuer l'erreur et la faire pénétrer subtilement dans la doctrine et les mœurs. Tel fut le dessein de D. Lobineau, et surtout dans ses vies des saints de Bretagne, où il s'enhardit au point d'y joindre les vies des deux principaux jansénistes bretons de l'époque : Sébastien du Combout, solitaire de Port-Royal, et l'abbé Jean de La Noë-Menard, de Nantes.

Le premier était mort dans l'hérésie jansénienne, à Paris, en 1690, et le second mourut à Nantes, en 1717, dans la révolte obstinée contre la Bulle *Unigenitus* du Pape Clément XI, et dans l'impénitence des *Appelants* au futur Concile général. D. Lobineau se proposait de couronner ses vies des saints de Bretagne par la vie de ce dernier sectaire, mais il n'y put réussir complètement, et ce fut sans doute son obstination dans les mêmes erreurs, dans le rejet de la Bulle *Unigenitus*, qui lui attira des disgrâces et le fit passer en différentes abbayes, et finalement en celle de Saint-Jacut, où il mourut, en 1727, la même année que le *diacre Pâris,* et trois ans après la publication de ses vies des saints de Bretagne.

Le Bienheureux Montfort ayant reçu du ciel et du Pape Clément XI la mission de combattre les erreurs du temps et surtout le jansénisme, en sa patrie, dut nécessairement, en remplissant sa mission avec éclat et des succès prodigieux, fixer l'attention de la secte jansénienne et attirer sur lui tout le poids de sa colère. Mais toutefois la tactique de ces perfides sectaires de Jansénius ne fut point d'attaquer ouvertement un homme qui enthousiasmait ses auditeurs, et qui passait aux yeux des populations pour un thaumaturge et un apôtre; mais ce fut de lancer contre lui leurs agents secrets, de le calomnier, de le bafouer, de prévenir et d'animer contre lui l'autorité épiscopale, de recourir aux pouvoirs publics et jusqu'à la Cour du grand Roi pour l'arrêter dans sa course et démolir ses calvaires. Ils se gardèrent bien de lui faire une guerre ouverte, dans la juste crainte d'essuyer des défaites, de s'attirer des ennemis sur les bras, de soulever contre eux l'indignation du peuple et de le grandir dans le combat. Ils firent courir sur son nom des bruits infamants et des fables les plus extravagantes, et après l'avoir couvert d'opprobre, ils le vouèrent à un éternel silence dans leurs annales, afin qu'il ne figurât pas même dans l'histoire de son propre pays.

Aussi le plan de D. Lobineau ne fut point d'attaquer directement dans ses écrits l'apostolat et la mémoire du Bienheureux Montfort, mais indirectement, en faisant le panégyrique de l'un de ses plus grands ennemis, l'abbé de la Noë-Menard, et en voulant classer cet hérétique obstiné parmi les saints de Bretagne. Il le voulait absolument, car, en écrivant la vie de Michel Le Nobletz, il le signale déjà, le compare à l'apôtre de la Basse-Bretagne et annonce son dessein de donner la vie de cet hérétique qu'il ose bien appeler *un saint Prêtre*. Mais avant de reproduire son article, il est nécessaire de bien connaître son triste héros. Voici ce que nous en dit l'historien Tresvaux dans sa biographie de M. René Lévêque, fondateur et supérieur de la communauté de Saint-Clément, de Nantes, en parlant du Bienheureux Montfort.

« [1] M. Lévêque eut la consolation de posséder dans sa maison, pendant un an, le célèbre M. de Montfort, qui s'était placé près de lui pour s'exercer aux fonctions de missionnaire. Ce serviteur de Dieu ne fut pas longtemps sans s'apercevoir que plusieurs collaborateurs de M. Lévêque étaient loin d'avoir la pureté de la foi de ce vénérable supérieur ; aussi ne voulut-il pas rester davantage avec des gens qui, par leur attachement au jansénisme, n'avaient plus de catholique que le nom. Parmi les prêtres qui habitèrent à cette époque la communauté de Saint-Clément et qui étaient d'une doctrine très suspecte, on distingue surtout M. Jean de la Noë-Menard... Son attachement à l'erreur força son évêque à le faire sortir du séminaire, où il professait la théologie. Lors de la publication de la bulle *Unigenitus,* il l'accepta d'abord ; mais bientôt, écoutant les conseils du fameux abbé Duguet, il eut le malheur de grossir le nombre des *Appelants,* et mourut à Nantes dans cet aveuglement déplorable, à l'âge de 66 ans, le 15 avril 1717. Les Jansénistes voulurent en faire un saint, comme si l'on pouvait être agréable à Dieu lorsqu'on est rebelle à l'Église. » L'on voit donc bien que Montfort et La Noë-Ménard n'étaient pas inconnus

1. *Vie des saints de Bretagne,* tome V, p. 316-7.

l'un de l'autre et que leur antagonisme datait de loin, du commencement du siècle, 1700. Ce chef et cet inspirateur des jansénistes nantais fut le principal instigateur des persécutions que le missionnaire apostolique du pape Clément XI eut à souffrir dans le diocèse de Nantes et principalement à son célèbre calvaire de Pont-Château.

Maintenant, il est curieux de voir comment D. Lobineau qualifie ce sectaire, l'assimile à Michel Le Nobletz et insinue à l'avance son dessein de publier sa vie parmi les vies édifiantes des saints de Bretagne. Il s'exprime en ces termes :

« Il n'est pas sans exemple, dit-il, de voir Dieu se communiquer avec quelque sorte de complaisance à cet âge innocent [1] ; et peut-être ne nous sera-t-il pas interdit d'en donner une autre preuve au public, dans l'histoire d'un prêtre qui vient de laisser en mourant, dans une des premières villes de province, une grande odeur de sainteté. L'on y verra que ce pieux ecclésiastique, dans le même âge que Michel Le Nobletz, avait déjà le don d'oraison, et trouvait plus de plaisir à s'occuper de Dieu, selon sa portée, que les autres enfants n'en trouvent aux bagatelles qui les amusent [2]. »

En 1718, D. Lobineau avait achevé ses *Vies des*

1. L'historien Tresvaux supprime ce passage de D. Lobineau relatif à La Noë-Menard. Tome IV, p. 125.

2. *Les Vies des Saints de Bretagne,* in-folio, p. 402.

saints de Bretagne, et il ne lui restait plus qu'à les couronner par celle de La Noë-Menard, à laquelle il tenait beaucoup, malgré les difficultés qu'on pourrait lui faire. Oui, il tenait beaucoup, avec tous les zélés de la secte jansénienne, à glorifier cet acharné persécuteur du missionnaire apostolique de Clément XI. Tout cela se tramait dans les correspondances secrètes des sectaires, et avec une discrétion raffinée, pleine de réserves et de mystères, dans la crainte qu'elles ne tombassent sous les yeux des profanes, c'est-à-dire sous les yeux des apôtres et des défenseurs de la vérité catholique.

L'une de ces pièces confidentielles et révélatrices des perfidies des jansénistes et de D. Lobineau en particulier, est tombée naguère dans le domaine public de l'histoire. Le moine bénédictin en est l'auteur ; il s'y peint au naturel et nous laisse assez voir que le panégyriste et l'historien des sectaires du jansénisme est lui-même un sectaire et le pire des sectaires. Il répond à Mme de Caumartin qui lui demande où il en est pour la vie de la Noë-Menard. Privé, cette année-là, de sa pension d'historiographe des États de Bretagne, il s'en plaint délicatement dans le but de la faire rétablir, ce qui se fit en 1720. Puis, il continue son épître avec beaucoup trop de finesse, de piété pharisaïque et d'hypocrisie haineuse contre les Constitutions doctrinales du Vicaire de Jésus-Christ, qu'il appelle, par dérision, Clémentines.

En voici la suite :

Le Mans, 21 décembre 1718.

« . . . .
. . . Au reste, quand tout me manquerait de ce côté-là, Madame, vous ne devez pas désespérer de voir l'histoire des saints de Bretagne, notre province. Pour moi, j'espère que vous la lirez un jour et que vous bénirez Dieu d'avoir aussi mis Saül au rang des prophètes, je veux dire de m'avoir fait part de cet esprit d'onction qui convient à de pareils ouvrages. Le sujet de l'espèce d'assurance avec laquelle j'ai l'honneur de vous en parler, est l'envie que les imprimeurs de Rennes me témoignent d'avoir la préférence pour mettre cette histoire au jour, et ce sera mon pis aller au défaut de Paris.

« Vous êtes en peine de M. de la Noë-Menard. Un gentilhomme de Nantes m'a promis la vie de ce *saint* prêtre, mais il ne me l'a pas encore envoyée. Il ne me manque plus que cela, car tout le reste est fait; je ne sais pourtant si les examinateurs me permettront l'impression de ce morceau. Il faudra que je touche bien délicatement l'affaire de la Constitution — *Unigenitus*, — pour ne pas animer contre moi et mon livre des ennemis qui ne s'endorment point...

« J'ai bien des grâces à vous rendre, Madame, non seulement de ce que vous voulez bien vous souvenir de lui, — du Père abbé, — mais encore de ce que vous vous êtes employée si efficacement auprès de M. Machaux, pour un ouvrage en faveur de la Constitution, venu de Rome, à qui nous avons destiné une place parmi les livres défendus. Nous avons à peu près tout ce qui a été fait contre la dernière *Clémentine,* et nous nous souviendrons avec reconnaissance que c'est à vos bons offices que nous serons redevables d'avoir un morceau aussi essentiel que cet ouvrage jésuitique. Vous ne serez pas surprise, Madame, quand je vous dirai que notre recueil là-dessus passe 80 volumes. C'est une bibliothèque entière, et *une Bulle qui ne vaut rien* a donné lieu à quantité de bons ouvrages et à l'éclaircissement de beaucoup de questions importantes. Je ne doute point que vous n'en ayez lu une bonne partie, mais il faut vous armer de patience, nous ne sommes pas encore au bout. Les muses se mêlent aussi quelquefois de la partie, et je prends la liberté de vous envoyer un sonnet qui fait du bruit [1]. Le petit évêque d'Angers, — Michel Poncet de la Rivière, — y est maltraité ; mais pourquoi se rend-il persécuteur de la vérité? Il n'a que ce qu'il mérite, et l'on ne peut répandre trop de confusion sur les ennemis de la grâce de Jésus-Christ.

J'ai l'honneur, etc. »

F.-G.-A. Lobineau.

1. Vraisemblablement D. Lobineau en est l'auteur, car il a fait des poésies.

Voilà bien la conduite du sectaire avec toutes les notes qui le caractérisent, et les ruses du serpent pour insinuer son venin mortel dans les âmes, et déchirer avec ses dents diaboliques, comme parle Montfort, les Bulles sacrées du Vicaire de Jésus-Christ qui condamnaient ses funestes erreurs. Que nos lecteurs pèsent bien tous les termes de cette pièce infâme et ne les perdent point de vue pour se faire une juste idée de ce triste personnage, que, par ignorance, on a bien osé appeler le *pieux* Lobineau.

Ce ne fut pas chez lui une surprise, une erreur momentanée et digne d'excuse, *errare humanum est;* mais une obstination persistante dans les fausses doctrines du jansénisme et dans la révolte contre les décisions dogmatiques du Saint-Siège, *perseverare diabolicum.* Aussi persévère-t-il dans son dessein de publier la vie de La Noë-Menard, de glorifier un rebelle à l'autorité du Souverain Pontife, et le persécuteur du missionnaire apostolique de Clément XI. Cette glorification étrange est une insulte à la Papauté et une sanglante flétrissure pour l'intrépide défenseur de ses prérogatives.

La Papauté est toujours sacrée, dans la personne de Clément XI comme dans celle de Léon XIII, et il n'est jamais permis aux catholiques de se tenir du côté de ses ennemis et de ses insulteurs. Oui, D. Lobineau avait extrêmement à cœur la glorification de La Noë-Menard, comme on l'a déjà vu, et comme on va pouvoir s'en convaincre de plus en plus. En 1718, il avait à peu près terminé son travail, il n'avait plus qu'à le couronner par la vie de son héros ; il était rendu à la biographie du Père Huby, mort en odeur de sainteté à Vannes, en 1693. Mais pourquoi ne pas s'arrêter là, à cette dernière vie? Pourquoi passer du XVIIe siècle au XVIIIe, franchir un espace de 24 années, laisser dans l'oubli de saints personnages tels que le vénérable M. Lévêque, fondateur de la communauté de Saint-Clément, de Nantes, mort en 1704 ; le jeune abbé Desplaces, fondateur également de la communauté du Saint-Esprit, à Paris, mort comme un saint en 1709, et enfin le Bienheureux Montfort surtout, mort en grande odeur de sainteté, en 1716 ; pourquoi leur faire cette injure, et venir prendre un La Noë-Menard, mort depuis, en 1717, dans la révolte contre l'Église et dans l'impénitence de ses erreurs, faire son panégyrique et le ranger parmi les saints de Bretagne? Il n'y a que la passion hérétique capable de semblables tours de force. Et pourquoi encore attendit-il six années à publier son ouvrage? Ah! c'est que les examinateurs ne lui permettaient pas d'y joindre la biographie d'un *Appelant* des décisions doctrinales du Saint-Siège à l'autorité du futur Concile général, et qu'il espérait toujours triompher de leurs résistances. Ses examinateurs étaient jansénistes eux-mêmes, comme nous allons le voir tout à l'heure, mais ils étaient prudents et moins opiniâtres ; ils ne voulaient pas rejeter la Bulle

Unigenitus que les évêques recevaient généralement, et que les instituts religieux ne pouvaient se dispenser de recevoir sous peine d'être ramenés à la soumission par l'autorité ecclésiastique. Beaucoup n'étaient soumis qu'à l'extérieur et gardaient leurs propres sentiments en leur intérieur. D. Lobineau ne donnait que trop de preuves de son insoumission, en voulant à tout prix glorifier des sectaires et des *appelants* du jansénisme. C'est pourquoi il eut à subir bien des épreuves. Il espérait encore peut-être, en 1724, pouvoir obtenir, en *retouchant bien délicatement* l'affaire de la Constitution *Unigenitus,* l'autorisation d'imprimer enfin la vie de La Noë-Menard; mais M. Grandet, curé de Sainte-Croix d'Angers, allait publier la Vie du Père de Montfort, et il se hâta alors de livrer son travail à trois imprimeurs de Rennes, et à son grand regret de n'avoir pu couronner ses vies des saints de Bretagne par celle de son héros. Les deux ouvrages parurent en la même année 1724.

Maintenant qu'est devenue la biographie de La Noë-Menard que D. Lobineau avait composée et soumise aux examinateurs de son livre, sans pouvoir obtenir la permission de la publier? Il est présumable que ce fut celle-là que les jansénistes retouchèrent et firent imprimer plus tard à Bruxelles, en 1734, sous le nom de l'abbé Gourmeau, curé de Gien. « C'est, dit l'historien Tresvaux, l'ouvrage d'un janséniste fanatique. »

II

Nous avons dit que les examinateurs du livre de D. Lobineau étaient des jansénistes eux-mêmes, mais moins avancés, plus prudents et sachant garder le silence respectueux au sujet de la Bulle *Unigenitus*. En effet, si, pour ces raisons, ils ne permirent pas au moine bénédictin de publier la vie de La Noë-Menard, ils lui permirent cependant d'imprimer celle de M. du Cambout, autre sectaire qui n'avait rien de remarquable, dit l'abbé Tresvaux, que son zèle fanatique pour le jansénisme[1]. » Ce même historien complète ailleurs son jugement en ces termes :

« Sébastien-Joseph du Cambout, fils de Charles, baron de Pont-Château et de Philippe de Beurges, fut pourvu dès son bas âge de l'abbaye de Saint-Gildas-des-Bois. Sa mort arriva le 27 juin 1690, après une vie passée presque toute entière dans les intrigues du jansénisme, dont il fut un des plus chauds partisans. Il avait habité assez longtemps la fameuse solitude de Port-Royal. Les jansénistes voulurent en faire un saint de leur parti, et *D. Lobineau a osé mettre la vie de ce sectaire parmi celle des saints de Bretagne*[2]. »

1. *Vies des Saints de Bretagne*, t. I, avertis., p. IV.
2. *Les Vies des Saints de Bretagne*, t. VI, p. 464.

Après cela, qu'on lise dans l'in-folio du moine bénédictin la vie de ce sectaire en quinze grandes colonnes, et l'on verra avec étonnement et tristesse les ruses du serpent, se transformant en ange de lumière et s'efforçant de faire passer pour un saint un hérétique obstiné et mort dans l'impénitence.

Le rusé et intrigant D. Lobineau réussit à associer plusieurs libraires de Rennes pour la publication de son ouvrage et leur fit adresser aux Seigneurs des États de Bretagne une sorte d'épître dédicatoire pour réclamer leur protection et leur faveur. Prévoyant que les Jésuites de Rennes et autres défenseurs de la vérité catholique attaqueraient son livre, il dut faire solliciter un ordre du Parlement qui défendît la polémique contre les Jansénistes. Chose facile à obtenir alors, car le Parlement lui-même était composé de gallicans et de partisans du Jansénisme. Aussi ce sera de ce Prétoire que s'élèvera plus tard la voix d'un procureur général pour provoquer la suppression de la Compagnie de Jésus; mais un saint vieillard de cette illustre et vaillante Compagnie lui répondit en partant et en secouant aux portes de la cité la poussière de ses pieds : que M. Caradeuc de Lachalotais ne prospérerait pas et que son nom ne passerait pas la quatrième génération. Or, il s'est éteint dans la personne de son petit-fils, le beau-père de M. de Falloux. Le persécuteur des Jésuites, né à Rennes, en 1701, avait 28 ans quand D. Lobineau publia ses vies des saints de Bretagne, et peut-être reçut-il dès lors de fâcheuses impressions contre les plus redoutables adversaires du Jansénisme et du gallicanisme. Qu'un sectaire peut causer de mal par ses écrits et la propagande de ses erreurs! Nous serions heureux d'apprendre que D. Lobineau se fût converti avant de comparaître au tribunal du souverain Juge des vivants et des morts. Mais, hélas! c'est fort douteux, car c'est en vain que nous avons cherché ses rétractations et sa profession de foi catholique, apostolique et romaine, en conformité avec l'esprit et la lettre de la Bulle *Unigenitus*. Après l'avoir considéré comme un sectaire opiniâtre du Jansénisme, nous allons le montrer comme un rationaliste ou un incrédule qui n'admet que très difficilement le surnaturel et le merveilleux dans la vie des saints eux-mêmes et qui ne semble guère les admettre, quand il en rapporte des faits, car il a toujours bien soin d'en laisser toute la responsabilité aux historiens ses devanciers, comme s'il craignait de passer pour crédule sur les miracles aux yeux des esprits forts.

III

Un sectaire sera toujours partial en histoire, car, partant de faux principes et n'étant plus éclairé et guidé par la lumière de la foi catholique, il voudra tout ramener à son point de vue hérétique, en faussant les faits et en les ajustant à son système. En voici un exemple. Les Jansénistes, n'obtenant point de vrais miracles en faveur de leur fausse doctrine, étaient portés à les nier ou à les diminuer dans les vies de nos saints, et à rejeter absolument tous ceux qu'opéraient leurs adversaires, à la tête desquels, pour le temps, on peut placer le Bienheureux Montfort. C'est pourquoi, à l'imitation des Protestants leur ancêtres, ils ont dénaturé l'histoire et ramenée à leur sens anticatholique.

Nous avons dit dans les pièces justificatives de notre premier volume de la *Vie du Bienheureux Montfort* comment D. Lobineau rejetait à la légère et en se raillant, les faits historiques les mieux établis, quand il s'y mêlait de l'extraordinaire et du merveilleux. C'est ce que nous avons vu au sujet de la mystérieuse cane de Montfort. Voici un second exemple de sa manière d'écrire l'histoire et de la dépouiller du surnaturel qui s'y trouve et qui s'explique en certains cas comme en celui-ci. Il s'agit d'un fait prodigieux, patent et public, passé sous les yeux d'une grande ville; d'un fait que tous les historiens ont constaté et dont le moine bénédictin est le premier à se railler et à le reléguer parmi les fables : il s'agit du fait miraculeux de la Loire, glacée à Nantes, une nuit d'été, sur un parcours de trois lieues, en faveur de la Bienheureuse Françoise d'Amboise. Françoise, devenue veuve de Pierre II, duc de Bretagne, enlevé prématurément de ce monde, ne songea plus qu'à embrasser la vie religieuse et à fonder des monastères. Mais le politique Louis XI voulait l'attirer à la cour et la marier au vicomte de Thouars, et avait déjà gagné ses oncles pour faciliter l'exécution de son dessein. Le rusé monarque, sous prétexte de remplir un vœu en Bretagne, vint à Redon et puis à Nantes, où il fit inviter la jeune veuve à se rendre. Elle s'y rendit, mais rien ne fut capable de la tenter et de la faire changer de résolution. Alors il fut décidé, par une entente secrète avec le nouveau duc de Bretagne, qu'on l'enlèverait de gré ou de vive force durant la nuit; que la milice entourerait son hôtel comme pour lui servir de garde d'honneur, et que des barques se trouveraient au port pour la recevoir et l'emmener. Mais Dieu exauça la prière de sa servante en la délivrant par un miracle éclatant, par la congélation subite du fleuve.

Ce fait prodigieux a été rapporté en détail par le premier biographe de la Bienheureuse, et le savant abbé Barrin, grand vicaire de Nantes, le constate également dans une nouvelle biographie, imprimée à Rennes même en 1704, sous les yeux du bénédictin Lobineau. Dans ces derniers temps, en 1865, un autre grand vicaire de Nantes l'a consigné dans sa belle *Vie de la sainte duchesse de Bretagne.* Voici comme en parle dans un abrégé de son ouvrage M. l'abbé Richard, aujourd'hui archevêque de Paris :

« Les gens armés qui attendaient au bord de

la Loire ne voyant pas Françoise arriver à l'heure indiquée, se disposaient à aller l'enlever de force, lorsque Dieu, qui protège ceux qui espèrent en lui, opéra un miracle éclatant en faveur de sa servante. On était alors à la fin de mai. La Loire se trouva tout à coup gelée, et les barques saisies ne pouvaient plus se mouvoir. La rivière était prise seulement depuis le port de Nantes jusqu'à Mauves, situé environ à trois lieues en amont. Le reste de son cours demeura libre. Il était impossible de ne pas reconnaître le doigt de Dieu dans la merveille qui venait de s'opérer. » Et puis l'auteur ajoute dans une note : « On peut voir dans notre Vie de la Bienheureuse Françoise la discussion du fait merveilleux raconté par tous les historiens de la sainte, d'après les mémoires contemporains. Nous avons indiqué avec soin les monuments qui donnent à ce fait tous les caractères de la certitude historique [1]. »

Maintenant, il est piquant de voir comment D. Lobineau rapporte le même fait, en faussant la vérité historique pour ne pas admettre le prodige. On aura une idée de sa façon d'écrire l'histoire et les vies des saints.

« Ils avaient, dit-il, pris des mesures assez justes. Ils avaient une litière prête, où les gens de la Duchesse gagnés par ses parents devaient la mettre à minuit et la conduire au bateau couvert qui l'attendait sur la Loire. Mais les

1. *Légende de la Bienheureuse Françoise d'Amboise*, p. 81.

gardes posés par ordre du Duc s'acquittèrent si fidèlement de leur devoir, que le projet de l'enlèvement échoua, sans qu'il soit besoin d'avoir recours au miracle rapporté par le P. du Montay, de la rivière qui gela cette nuit même, quoique au mois de juin, depuis les ponts de Nantes jusqu'à Mauves. Les oncles de la Duchesse allèrent porter cette mauvaise nouvelle au roi et au vicomte de Thouars, qui ne s'entêtèrent plus d'un dessein où ils trouvèrent trop de résistance[1]. »

Voyez comme l'historien et le biographe dénature les faits et les tourne au gré de ses aveugles préjugés. Le roi Louis XI, qui était venu en Bretagne pour tirer de son cloître la jeune veuve de Pierre II et la marier au vicomte de Thouars, n'était pas un homme à renoncer à son dessein, si le ciel ne fût pas intervenu en faveur de la Bienheureuse Françoise par un prodige si frappant. Mais rien ne coûte à ces sectaires, à ces hommes les plus impropres à écrire l'histoire, et surtout la vie des saints. Ils sont nécessairement presque toujours dans le faux et d'une partialité révoltante, tout en se donnant des airs de critiques habiles et judicieux.

IV

Le présomptueux Lobineau, en partant de faux principes, en diminuant sa foi par son obstina-

1. *Les Vies des Saints de Bretagne,* in-folio, p. 331.

tion à soutenir des erreurs condamnées par l'Église, en est venu à ne plus guère paraître croire au surnaturel, au miracle, au merveilleux, ni encore moins à l'action extra-naturelle des démons sur les hommes, et s'il se vante *de n'être pas crédule sur les miracles,* il l'est moins encore pour admettre les possessions diaboliques, les relations des esprits infernaux avec leurs suppôts, avec des hommes pervers ou dupes plus ou moins volontaires de leurs artifices. Il ne devait pas ignorer cependant que le combat de saint Michel archange et de Lucifer se continue et se continuera jusqu'à la fin des temps, au sujet de l'homme; que la sainte Écriture parle souvent des tentations et des possessions sataniques; que l'histoire de tous les siècles constate des faits de ce genre, plus ou moins nombreux, plus ou moins apparents, selon la tactique perfide du tentateur; que la vie des saints, et surtout des hommes apostoliques, en fournit nombre d'exemples; et enfin que c'est l'infaillible enseignement catholique et la pratique universelle de l'Église, prescrivant des prières spéciales et des exorcismes pour chasser les démons et délivrer les possédés; non, il ne devait pas ignorer ces vérités; mais comme sectaire obstiné du Jansénisme, il n'avait plus la foi divine ni sa pleine et saine raison pour les reconnaître et les respecter. Il passe ces faits sous silence dans ses *Vies des Saints de Bretagne,* sous prétexte que son siècle n'y croit pas, et s'il en dit quelque chose, c'est pour les révoquer en doute et s'en railler, lors même qu'ils sont crus et affirmés par des saints, tels que le P. Maunoir, Michel Le Nobletz et saint Charles Borromée. En voici la preuve et des exemples, tirés de son livre. Après avoir raconté les persécutions que Le Nobletz avait subies de la part des hommes, il continue ainsi :

« Nous ajouterions ici les persécutions de l'enfer et des démons à celles des hommes, si le siècle où nous vivons était disposé à donner quelque créance à ces sortes de récits, mais nous nous contenterons de renvoyer le lecteur curieux de ces sortes de matières à l'auteur même de la *Vie de M. Le Nobletz*, dont nous ne donnons que l'abrégé[1]. »

Ailleurs, il s'explique sur le fond de la question dans ce passage suivant de la vie du P. Maunoir :

« Quand on eut appris qu'il était là, dans cette paroisse, il y vint de tous les pays des environs des personnes de tout âge, de tout sexe et de toutes conditions, par les confessions de qui le P. Maunoir apprit enfin que ce n'était pas inutilement que M. Le Nobletz lui avait autrefois donné des instructions où il n'avait rien compris d'abord, mais qui commencèrent en cette occasion à lui être d'un grand usage. En un mot, ce fut là que la malheureuse expérience d'un grand nombre de personnes le convainquit que ce que l'on dit des sorciers et de la tyrannie du démon

1. *Vie des Saints de Bretagne*, in-folio, p. 429.

n'est point une chimère; et son zèle prenant de nouvelles forces, à la vue de la perte de tant d'âmes, il résolut de ne rien épargner pour faire la guerre au démon et détruire sa malheureuse domination.

« Nous ne prétendons point épouser ici les sentiments ou les préjugés du P. Maunoir là-dessus, ni exiger des lecteurs qu'ils pensent comme il a pensé, mais nous sommes aussi bien éloigné de condamner *en lui un zèle que l'Église a canonisé dans saint Charles, qui a eu la même crédulité,* bien ou mal fondée, que le P. Maunoir, et qui a travaillé chez les Grisons et ailleurs sur le même plan que lui. Si l'un et l'autre ont été dans l'erreur, quant à la réalité effective des assemblées diaboliques et de beaucoup d'autres choses qui en dépendent, ils ne l'ont point été sans doute, quant à la disposition criminelle de ceux dont l'imagination empoisonnée avait corrompu le cœur, et qui croyaient faire par l'opération du diable les maux qui n'étaient les effets que des seules forces de la nature. Et d'ailleurs la grâce qui fait les saints ne rectifie pas toujours leurs défauts naturels, au nombre desquels le plus dangereux n'est pas une crédulité timide qui sert souvent plus à l'édification de l'Église, en détournant les fidèles de tout ce qui peut avoir l'apparence du mal, qu'un esprit plus vigoureux qui, ne se voulant rendre qu'à l'évidence des démonstrations, marche souvent sur le bord des précipices, en cherchant dans cette vie une clarté qui ne nous est promise que dans l'autre[1]. »

La conclusion de ces deux articles, c'est que D. Lobineau ne pense pas comme les saints à ce sujet, comme saint Charles Borromée, Le Nobletz et le P. Maunoir, et qu'il leur en fait un défaut naturel de crédulité, car il l'affirme, tout en blâmant sévèrement le défaut contraire. Ce mélange d'erreurs et de vérité, ces insinuations subtiles et spécieuses sont des atteintes aux principes chrétiens, à la pureté et à l'intégrité de la vérité catholique, et sont de nature à répandre la confusion, le doute et l'incertitude dans les âmes. Cet esprit fort ou *vigoureux* semble prendre en pitié la faiblesse d'esprit de ces illustres personnages. Il ne prétend point épouser là-dessus leurs sentiments, ou leurs préjugés, ni exiger de ses lecteurs qu'ils pensent comme eux. Si le moine bénédictin qu'on appelle le savant et pieux Lobineau eût mieux étudié la théologie et l'histoire, les vies des saints, et s'il eût été docile aux enseignements de l'Église, il n'eût pas donné dans ces pessimistes erreurs ni contribué à préparer les voies aux esprits forts, aux incrédules et aux rationalistes modernes. Son temps eût été mieux employé qu'à rassembler des 80 volumes contre la Bulle *Unigenitus* de Clément XI, et lancer des sonnets contre les défenseurs de la vérité catholique, et notamment contre celui qu'il appelle avec dédain *le petit évêque d'Angers*. Possédé et

1. *Les Vies des Saints de Bretagne,* in-fol., p. 628.

inspiré secrètement à son insu par l'esprit de ténèbres, il suivait ses suggestions qui le portaient à la révolte contre le Saint-Siège et à des doutes sur tout ce qui était de nature à l'éclairer sur les miracles et les agissements prestigieux des démons. Une chose surtout lui paraissait difficile à croire et lui semblait une fable : c'est l'intervention du diable dans les maléfices et dans des assemblées nocturnes ou sabbats. Pour ces assemblées nocturnes dans les bois et les lieux solitaires, elles sont devenues bien rares dans les pays chrétiens; mais elles sont toujours assez fréquentes chez les peuples idolâtres, comme le constatent nos missionnaires et des voyageurs. Si l'esprit de mensonge ne se manifeste plus autant chez nous parmi le peuple, il ne laisse pas d'inspirer et de réunir ses suppôts dans les loges de la Franc-maçonnerie et de leur apparaître même parfois sous une forme humaine pour leur dicter ses ordres tyranniques contre le Seigneur et son Christ. Il semble leur dire à chacun ce qu'il osait dire au Dieu sauveur lui-même, en lui montrant du haut d'une montagne tous les royaumes du monde et leur gloire : « Je te les donnerai tous si, te prosternant à terre, tu m'adores : *Hæc omnia tibi dabo, si cadens adoraveris me.* » Et ces hommes superbes et hautains, qui n'osent plus s'agenouiller dans nos temples devant les autels du Dieu vivant, se prosternent aux pieds de l'ange déchu et lui rendent leurs adorations, pour avoir des biens et des honneurs.

Dieu ne permet ces apparitions étranges que pour éclairer les aveugles et jeter l'effroi dans l'âme de ces vils esclaves et de ces malheureuses victimes de Satan. La haine acharnée qu'il leur inspire contre le Christ et ses divines institutions devrait pourtant les avertir qu'il les entraîne dans sa révolte et son malheur éternel. Mais telle est sa malice de serpent qu'il fascine tous ceux qui l'approchent et les endort dans l'indifférence, quand ils ne sont pas aptes autrement à le servir. Quelques-uns en viennent jusqu'à douter de son action et de son existence même. D. Lobineau n'en était pas encore venu jusque-là ; mais il était entré dans cette voie, et ne croyait plus guère ni aux miracles, ni à ces faits extraordinaires rapportés dans les Vies de saint Charles, de Le Nobletz et du P. Maunoir[1].

Nous avons voulu rappeler cette vérité évangélique et traditionnelle de l'action des démons sur les hommes et même sur les saints qui ont reçu d'en haut la mission de les combattre, car nous en voyons bien des exemples dans la Vie du Bienheureux Montfort, et il se trouve encore aujourd'hui bien des critiques disposés à les contester. Et puis cette démonstration entre dans notre sujet et achève de faire connaître l'esprit, la conduite et les erreurs de D. Lobineau. Nous terminerons

1. L'historien Tresvaux a eu le tort de rapporter ces pages de D. Lobineau sans discerner la vérité de l'erreur. *Vies des saints de Bretagne*. Tome V, p. 78-9.

cette notice en disant que ce rigide censeur, qui s'est tant de fois finement raillé de la crédulité des anciens biographes, et surtout du dominicain Albert-le-Grand, de Morlaix, tout en leur faisant de larges emprunts, tenait par moment dans sa correspondance avec ses amis un langage de viveur, en les exhortant *à boire de bon vin.* On lui a attribué un roman licencieux, les *Aventures de Pomponius.* Qu'il en soit l'auteur ou non, cela prouve du moins qu'on l'a cru capable de l'être pour le lui attribuer. Pour nous, nous ne pouvons lui reconnaître cette paternité, à moins qu'il ne l'ait fait publier sous un autre nom ou sans nom, car il était trop habile pour se compromettre jusqu'à ce point aux yeux du public et de ses adversaires. Oui, si, comme nous aimons à le penser, Dieu lui a pardonné ses erreurs et ses fautes, il doit se trouver heureux d'en voir réparer en partie les funestes effets, et ceux qui, par méprise, nous ont fait un crime de dénoncer ses ouvrages comme très suspects et composés dans l'esprit de la secte jansénienne, nous sauront bon gré de leur avoir donné ces éclaircissements historiques et incontestables, comme les documents sur lesquels ils sont appuyés.

Voilà pourtant le point délicat qui nous a valu une critique si sévère de notre ouvrage. On nous avait bien prédit que si nous touchions à D. Lobineau, ses partisans et ses admirateurs nous en voudraient et se remueraient de mille façons pour empêcher la diffusion de l'œuvre. Prédiction qu'on s'est efforcé de réaliser dans un certain milieu. Mais pouvions-nous laisser notre travail incomplet par des ménagements pour un sectaire du Jansénisme et un ennemi acharné du Bienheureux Montfort? Sûr et fort de la vérité historique, nous devions l'établir et la soutenir sur ce point comme sur tous les autres, car autrement, il n'y aurait plus d'histoire vraie et complète, s'il fallait l'écrire dans la dépendance et au gré des personnes intéressées à ne pas vouloir la reconnaître dans toute son intégrité. Comme historien, nous devons dire la vérité, et comme prêtre, combattre et signaler les erreurs contraires, et surtout quand elles sont préjudiciables au prochain et à la mémoire d'un grand serviteur de Dieu, dont nous écrivons la vie.

V

Nous passons maintenant à un autre reproche que nous font nos critiques, et qui n'est pas mieux fondé que celui que nous venons d'examiner et de juger. Il s'agit d'un cantique du Bienheureux Montfort, intitulé *les dérèglements de Rennes*, dans lequel le saint missionnaire fait la peinture des mœurs dissolues de cette ville et lui annonce des châtiments sévères en punition de ses désordres et pour n'avoir point voulu profiter des avertissements du Seigneur. Eh bien! nos censeurs nient d'abord les dérèglements de Rennes et condamnent la peinture qu'en a faite le Bienheureux Montfort; par suite, ils rejettent la prédiction des châtiments et son accomplissement dans le terrible incendie de Rennes en 1720, et nous raillent d'avoir été le *premier historien* à narrer le fait.

Et cependant le fait est très certain, et nos lecteurs vont pouvoir en juger. Nous croyions en avoir donné des preuves suffisantes dans la *Mission Providentielle* et la *Vie* du serviteur de Dieu. Nous allons les compléter, mais qu'on lise d'abord en son entier, dans nos ouvrages, le cantique sur les dérèglements de Rennes et l'exposé de ce fait et l'on verra s'il est suffisamment prouvé et digne de foi pour quiconque ne se laisse pas prévenir par des idées préconçues et systématiques.

Ce long cantique est une fidèle peinture des dérèglements de Rennes, et il contient la prédiction du châtiment, qui est répétée dans le refrain, à chaque couplet, comme un tocsin lugubre, avant-coureur de l'incendie qui devait dévorer la cité coupable et impénitente. Aussi, quand éclata cet épouvantable incendie, on publia aussitôt, et notamment à Niort, le cantique du Bienheureux qui contenait cette prédiction, dans des recueils de chants populaires pour les missions, avec une note qui constatait la prédiction et son accomplissement en ces termes : « *Sa prédiction des malheurs arrivés à Rennes.* » Nous avons en notre possession l'un de ces recueils qu'on imprimait alors, où se trouvent imprimées ces dernières expressions, qui témoignent quelle était l'opinion publique de l'époque, à ce sujet. Les premiers disciples et les frères coadjuteurs du saint Missionnaire en avaient la connaissance et la certitude puisque ces recueils étaient à l'usage de leurs missions. Mais D. Lobineau et les autres jansénistes de Rennes, qui avaient repoussé l'Envoyé de Dieu et fermé l'oreille à ses avertissements, se gardèrent bien de lui attribuer cette prédiction et d'en voir l'accomplissement dans le châtiment qui les frappait et qu'ils n'avaient que trop mérité. L'incendie dura une huitaine de jours, depuis le 22 jusqu'au 30 décembre. Six mois avant cet embrasement général, une sainte fille, de Rennes, rapporte l'abbé Tresvaux, nommée Marie-Marguerite Rose, avait annoncé et spécifié ce fléau, en déclarant que la cité serait détruite par un incendie [1]. Ces deux prédictions se confirment l'une et l'autre, et acquièrent un nouveau degré de certitude historique. Cet effroyable sinistre qui en est l'accomplissement porte aussi avec lui les signes de la colère divine, comme le raconte un témoin oculaire, un Dominicain, dans une relation qu'il envoie dans le nord de la France, à un religieux de son Ordre. Il s'exprime en ces termes :

«... Le feu qui fit tomber l'horloge prit par la girouette, et ce qui paraîtrait inconcevable, si je pouvais vous cacher plus longtemps qu'une pluie

1. *Vies des Saints de Bretagne*, tome V, page 441.

de feu visible tombait sur tous ces endroits; *tous l'ont vu et l'assurent.*

Pour vous figurer la situation de cette infortunée ville, rappelez-vous, si vous voulez, ou Rome ou Troie, ou les villes *criminelles;* ce n'est plus qu'un monceau de cendres et un tas fumant de débris. Par le détail qu'on a fait depuis de tout ce qui était compris dans ce malheur, on y compte 32 rues, 3,284 maisons et 13,100 ménages, plus de 58,000 intéressés, 6 à 7,000, tant tués, étouffés, écrasés qu'estropiés ; plus de 90,000,000 de francs de perte. Le Palais n'eut que peur, parce qu'on coupa neuf à dix maisons prochaines, et heureusement il a été sauvé [1]. »

Or, cette pluie de feu sur la tour de l'horloge et la consumant en quelques heures fait assez voir, à la clarté de ses flammes, qu'elle venait d'en haut comme un châtiment terrible du Tout-Puissant. Une partie de la ville qui ne pouvait échapper que par miracle à la conflagration générale en fut préservée par l'intercession de Notre-Dame de Bonne-Nouvelle, comme le représente et le constate un tableau de ce fait merveilleux, qui se voit dans l'église de Saint-Sauveur. Le Bienheureux Montfort, en prédisant ces malheurs à la ville impénitente et rebelle à sa parole, dans son cantique d'adieux, avait voulu les conjurer ou du moins les amoindrir en faveur de ce quar-

1. *Histoire de Rennes*, par Ducrest de Villeneuve, p. 346-347.

tier dont les habitants étaient venus en si grand nombre réciter son Rosaire au pied de l'image de Marie, devant l'hôtel de M. Dorville, le subdélégué de l'intendant de Bretagne. Libre à chacun d'admettre ce dernier sentiment, mais, pour nous, il ressort de cet exposé historique et de l'ensemble des faits de ce genre dans la vie du Serviteur de Dieu. En voici un exemple passé à quelques lieues de là.

L'homme apostolique avait aussi prédit que sa ville natale de Montfort subirait un châtiment pour avoir repoussé l'Envoyé de Dieu, et l'événement est venu confirmer et réaliser la prédiction, comme le constate en ces termes l'historien Picot de Clorivière :

« Rien ne retenait plus le Missionnaire dans sa patrie. En la quittant, il déplora les malheurs qui la menaçaient, comme un juste châtiment de ce qu'elle n'avait pas connu le jour où le Seigneur l'avait visitée dans sa miséricorde. Il lui prédit, quoiqu'elle fût alors dans un état florissant, la désolation où elle serait en peu réduite, et dans laquelle nous la voyons de nos jours, plus d'un tiers des maisons étant tombées en ruines et tout à fait désertes, et la plupart des familles un peu considérables l'ayant abandonnée, pour aller s'établir ailleurs[1]. »

Le grand apôtre de la Bretagne et de la Vendée a fait quantité de prédictions locales, qui

1. *Vie de Louis-Marie Grignion de Montfort*, p. 179.

toutes se sont réalisées, et Dieu l'a voulu ainsi pour confirmer celles qu'il lui a ordonné de faire touchant les apôtres des derniers temps et le glorieux avènement du grand règne de Jésus et de Marie dans le monde.

L'illustre P. Faber, qui a lu et étudié longtemps la vie et les œuvres du Bienheureux Montfort, et qui traduisit en anglais son admirable *Traité de la vraie dévotion à la sainte Vierge,* a tracé les lignes suivantes en parlant du serviteur de Dieu : « Ses prédications, ses écrits et sa conversation, étaient tout imprégnés de prophéties et de vues anticipées sur les derniers âges de l'Église. » Cette appréciation du pieux et savant Oratorien d'Angleterre est parfaitement juste, et tout esprit droit qui fera les mêmes études portera le même jugement.

Maintenant, nous demandons à tout lecteur impartial, si l'on peut rejeter si légèrement et si gratuitement le double fait de la prédiction du Bienheureux Montfort touchant les malheurs de Rennes, et de son accomplissement. Pour nous, c'est un fait historique incontestable, et il faut avoir des préjugés ou des préoccupations intéressées pour ne pas l'admettre.

Et cependant, il s'est trouvé un nouveau critique qui a essayé de s'en railler, sans prévoir sur qui, finalement, retomberait la raillerie. Voici comment il amène la question, dans un discours public, et destiné à quelque retentissement. C'est en faisant le panégyrique de saint Yves. Voici les termes de ce passage, que reproduisit le *Journal de Rennes* dans son numéro du 27 avril 1887 :

« Séduit par les brillantes qualités du jeune Haelori, un archidiacre de Rennes, Maurice, en fit son official. A cette époque, Yves se faisait déjà le protecteur des étudiants de Rennes, les réunissait autour de lui, les instruisait. Il obtint de bons résultats, mais bientôt après l'évêque de Tréguier le rappelait près de lui. Les Nantais, jaloux, répandirent le bruit qu'Yves Haelori quittait Rennes parce qu'on y était trop corrompu; une satire du XIIIe siècle représente notre ville comme un refuge de brigands, et un ouvrage récent ose affirmer que le terrible incendie de 1720 ne fut qu'un châtiment analogue à celui qui jadis frappa Sodôme et Gomorrhe ! C'est une pure calomnie qui ne soutient pas l'examen, car il y avait à Rennes une grande quantité de fondations pieuses et d'œuvres charitables. ».

Le *pieux* Lobineau n'eût pas mieux dit, et l'on ne s'étonne plus que son disciple ait voulu le faire passer pour un saint, avec de La Noë-Menard et du Cambout de Pontchâteau. Cependant, ce nouveau censeur ne dort pas en paix, et a recours à tous les moyens pour déprécier notre ouvrage et nous empêcher de nous défendre contre ses attaques, qu'on pourrait appeler justement *de pures calomnies qui ne soutiennent pas l'examen*. Est-ce, par exemple, un argument sérieux de soutenir que la ville de Rennes n'avait pas mérité de subir un châtiment de la justice divine, parce qu'il y avait *en elle une grande quantité de fondations pieuses et d'œuvres charitables*? S'il y avait une grande quantité de fondations pieuses et d'œuvres charitables, elles remontaient aux siècles précédents pour la plupart, et ne profitaient plus guère qu'à de riches abbayes où l'on rassemblait des quatre-vingt volumes pour combattre les constitutions apostoliques du pape Clément XI. La perversion de l'esprit entraînait la perversion du cœur, et réciproquement l'une engendrait l'autre. Nous croyons le témoignage d'un saint qui a habité Rennes huit années consécutives dans sa jeunesse, qui y a séjourné depuis, trois fois différentes, et qui avait reçu d'en haut des lumières pour la connaître, la convertir ou lui prédire des malheurs, si elle résistait à la grâce de sa conversion. Et puis, si nous avons osé affirmer que le terrible incendie de 1720 ne fut qu'un châtiment analogue à celui qui frappa Sodôme et Gomorrhe, nous ne sommes pas le seul et le premier à avoir fait cette comparaison, puisque le dominicain de Rennes, témoin oculaire de cet embrasement, le compare lui-même à celui de ces *villes criminelles*. Notre récit n'est donc point une invention ni *une pure calomnie*; c'est un fait historique qui s'impose et qui demeurera, en dépit des contradictions, aussi longtemps que vivra l'impérissable mémoire du Bienheureux Montfort.

VI

Nos critiques ne se sont pas contentés de signaler au public nos prétendues erreurs et calomnies au sujet de D. Lobineau et de l'incendie de Rennes; mais ils ont encore voulu dénoncer notre ouvrage aux Sulpiciens et éveiller leur attention sur quelques sévérités à leur endroit, que nous nous proposions d'adoucir nous-même dans une seconde édition. Si nous leur avons prêté des sentiments et des opinions qu'ils n'avaient pas, nous l'avons fait avec une entière bonne foi et d'après les données générales de l'histoire, car nous avons toujours recherché la vérité historique, et nous saurons aussi toujours bon gré à ceux qui pourront découvrir des inexactitudes dans nos ouvrages et qui auront la charité de nous les signaler. C'est pourquoi nous remercions ces Messieurs de Saint-Sulpice de nous avoir fait des communications spéciales sur les doctrines et l'historique de leur respectable institut, afin qu'elles puissent nous servir à préciser nos jugements, en ce qui les concerne, dans notre travail. Aussi ont-ils rendu justice à notre loyauté dans nos relations, et estimé que *nos lecteurs s'édifieront de la vie admirable* du Bienheureux Montfort. Si leur attention n'eût point été attirée sur des passages isolés, et s'ils eussent lu les quatre volumes de suite et en entier, ils n'eussent point fait vraisemblablement de réclamations pour une divergence de quelques appréciations. Mais la *Revue de Bretagne et de Vendée*, en publiant sa critique de notre ouvrage, à leur sujet, les mettait en demeure d'examiner la question et de s'en rendre un compte rigoureux. Nous croyons leur avoir donné, à cet égard, la plus grande satisfaction qu'il nous fût possible de donner. Aussi, l'un de nos grands archevêques de France nous en a félicité en ces termes : « Laissez-moi vous en féliciter et former le vœu que tous ceux qui écrivent l'histoire vous prennent pour modèle. » Comme historien, nous n'avons à cœur que la vérité, mais toute la vérité. C'est pourquoi nous serons toujours disposé à la bien accueillir, de quelque part qu'elle vienne, soit pour rectifier nos premières appréciations sur quelques points controversés par les historiens, soit pour les affirmer de nouveau et les consolider par des raisons invincibles. Une preuve que les Sulpiciens n'eussent point réclamé, sachant bien qu'un auteur a besoin d'une certaine indépendance d'appréciation, et qu'il n'impose point ses jugements à ses lecteurs, c'est que leurs confrères du grand séminaire de Tulle ont loué sans réserve notre livre dans une revue mensuelle qu'ils publient sur les ouvrages importants du jour, et intitulée : Le *Manuel des questions actuelles, Législation — Théologie — Philosophie — Histoire — Sciences — Lettres*. Voici le compte rendu qu'ils ont fait de notre *Vie du Bienheureux Montfort,* dans leur livraison du mois d'août 1887 :

« Quatre historiens, jusqu'ici, avaient écrit la vie du Père de Montfort : Grandet, curé de Sainte-Croix d'Angers ; Picot de Clorivière, S. J. ; le R. P. Dalin et l'abbé Pauvert. Faute de documents et de vues d'ensemble, ces auteurs n'ont pas représenté leur héros dans son vrai jour. Ils se sont trop exclusivement attachés à dépeindre les luttes du Bienheureux contre l'esprit de nos temps, la mondanité et le jansénisme.

D'après M. Quérard, la caractéristique de l'action de Montfort, sa mission providentielle fut de proclamer le lien qui existe entre l'amour et le culte de la très sainte Vierge et le culte et l'amour de son Fils ; ce fut d'affirmer avec la plus vive insistance que le salut des temps à venir dépend de la manière dont cette union sera comprise et pratiquée. Pour n'en donner qu'une preuve, voici comment Montfort termine l'introduction de son *Traité de la vraie dévotion à la sainte Vierge :*

« Marie a été inconnue jusqu'ici, et c'est une des raisons pourquoi Jésus-Christ n'est point connu comme il doit l'être. Si donc, comme il est certain, le règne de Jésus-Christ arrive dans le monde, ce ne sera qu'une suite nécessaire de la connaissance et du règne de la très sainte Vierge, qui l'a mis au monde la première fois et le fera éclater la seconde. »

L'événement justifie ces paroles du Père de Montfort. S'il est un fait resplendissant, c'est celui de l'importance qu'a prise presque tout à coup, au XIXe siècle, le culte public de la Mère de Dieu.

L'œuvre de M. Quérard satisfait la piété. Écrite simplement, elle met l'âme en présence des austères obligations de la vie chrétienne, en face de la vertu et de la croix. Elle ne la ravit que de la sainteté de Montfort. Elle ne l'éprend que de la gloire de Dieu.

Nous félicitons vivement l'auteur d'avoir mis dans une si vive et si complète lumière les leçons de l'apôtre, les exemples du saint, les prédictions du voyant, tous ces enseignements si bien faits pour nous guérir, nous fortifier et nous sauver. Puisse notre siècle, instruit par ce Bienheureux, trouver dans la Croix le remède à sa faiblesse, en Marie le remède à sa corruption, dans Jésus-Christ le remède à ses égarements, à ses erreurs, à la mort qui l'envahit chaque jour. »

Cependant on a fait grand bruit des griefs des Sulpiciens contre nous, et à tel point que notre ancienne congrégation, la Compagnie de Marie, a dû publier dans les journaux qu'elle n'était pour rien dans la composition de notre ouvrage, et que nous en avions toute la responsabilité. Cette protestation elle-même était de nature à accréditer tous ces bruits fâcheux, à donner de l'audace à la critique et à prévenir défavorablement l'opinion contre nous. D'un autre côté, la

Revue de Bretagne et de Vendée publiait que notre ouvrage était rempli d'inexactitudes, et se refusait à publier nos réponses à ces fausses critiques. Mais bien plus : son directeur, craignant d'y être contraint, avait recours à de hautes influences pour nous intimider et empêcher notre défense contre des attaques si gratuites et des imputations si mal fondées, comme on l'a déjà vu dans ce Mémoire.

C'est ici le lieu de protester de la façon la plus formelle contre *ces pures calomnies qui ne soutiennent pas l'examen*, et d'affirmer qu'un ouvrage qui nous a coûté plus de trente ans de recherches et d'études, est le seul exact et complet qui existe sur la vie et les œuvres du Bienheureux Monfort. Toutes les autres biographies de ce grand serviteur de Dieu ne sont que des abrégés arides, confus, inexacts, plus propres à diminuer cette magnifique figure qu'à la faire resplendir dans tout son éclat, et n'ont guère de valeur que par les documents qu'elles contiennent épars et sans liaison.

Il fallait en faire la concordance logique, et avoir une connaissance parfaite de la vie, de l'apostolat et des écrits du Bienheureux, et une sorte d'intuition de tous ces éléments divers pour les ranger à leur place dans la construction de l'édifice. Travail de longue haleine, qui ne s'improvise pas, et qui demande autant de patience que de labeur. C'est pourquoi quiconque voudra connaître, comme il le mérite, cet Envoyé extraordinaire du Tout-Puissant dans le monde, devra l'étudier longtemps, ou en chercher la connaissance dans la lecture et la méditation de nos ouvrages. Il nous répugnait de faire de telles déclarations, mais nous les avons enfin jugées nécessaires, pour dissiper des préventions et épargner à nos critiques de nouvelles témérités.

Il est utile et intéressant de rapporter ici le jugement d'un illustre écrivain, sur la nouvelle *Vie du Bienheureux Montfort,* et particulièrement en ce qui touche les Sulpiciens. Ce vaillant champion du catholicisme, M. Auguste Nicolas, a bien daigné s'intéresser à notre travail, malgré son grand âge; et, après avoir lu le premier volume, il voulut bien nous dire son sentiment sur les épreuves du jeune Louis-Marie Grignion de Montfort, à Saint-Sulpice. Sa lettre intime n'était pas destinée à la publicité, mais elle fait honneur à sa mémoire comme tous ses écrits, et s'il eût vécu, il nous eût permis de la publier dans ce Mémoire, et avec la même bienveillance que nous lui permîmes, il y a trente-deux ans, d'insérer en tête de ses *Nouvelles Études* sur le christianisme, une longue épître que nous lui adressâmes sur son nouvel ouvrage. Elle est datée d'un peu plus d'un an avant sa mort.

Versailles, 24 février 1887.

MONSIEUR L'ABBÉ,

Je suis bien en retard de vous remercier de vos quatre beaux volumes, *Vie du Bienheureux Grignion de Montfort,* venant se rattacher comme *hommage* et *souvenir* à la lettre dont vous voulûtes bien honorer, il y a plus de trente ans, mon livre sur *la Vierge Marie.*

Que les trente ans, ajoutés aux cinquante que j'avais alors, soient mon excuse! — Et puis, ne pouvant faire plus, j'aurais bien voulu au moins vous en parler à vous pertinemment, c'est-à-dire après l'avoir lu l'ouvrage entier. Mais le temps se précipite pour moi avec une telle *vitesse acquise*, que je n'ai pu encore l'arrêter que sur les pages du premier volume, relatives aux *épreuves* du futur Bienheureux, sous la direction sulpicienne de MM. Leschassier et Brenier, si bien appréciées par ses éminents historiens : MM. Blain et Pauvert.

Cela m'a fort intéressé. Ce que vous avez cru devoir y ajouter, ou faire lire entre les lignes de ceux-ci, n'est pas loin d'avoir mon assentiment, moyennant que ce qui a été de la vénérable Congrégation ne tire pas à conséquence dans les jugements à porter sur elle au temps présent.

L'histoire a ses droits essentiels, dont on ne saurait trop dégager celui d'en tirer des leçons pour la génération présente; mais ce serait peut-être en abuser que de paraître en faire un procès de tendance contre ce qui ne l'a pas attendu pour se réformer.

J'ose croire que le Bienheureux de Montfort serait de mon avis, et que vous-même ne croiriez pas l'honorer assez si vous étiez d'un autre.

Veuillez agréer, Monsieur l'abbé, avec tous mes remerciements, l'hommage de mon respect.

A. Nicolas.

Nous sommes parfaitement de l'avis du philosophe chrétien à l'égard de la vénérable Congrégation de Saint-Sulpice, et nous n'avons jamais oublié le *Bref laudatif* dont l'honora l'immortel Pie IX, de glorieuse mémoire, pour s'être généreusement réformée selon les vues et les désirs du Pontife romain. C'est une satisfaction pour le passé, une gloire pour le présent, une bénédiction pour l'avenir.

VII

Nous opposerons présentement à la *Revue de Bretagne et de Vendée*, qui nous impute trop gratuitement des inexactitudes nombreuses, la *Revue de la Société littéraire, artistique et archéologique de la Vendée* elle-même, pour l'appréciation de notre *Vie du Bienheureux Montfort*. Ces Vendéens érudits, qui dirigent cette feuille, savent à quelles sources nous avons puisé nos renseignements historiques dans leur pays, et les soins que nous nous sommes donnés pour recueillir fidèlement les traditions de ce grand serviteur de Dieu. Et ce que nous avons fait pour la Vendée, nous l'avons fait également partout ailleurs où l'homme apostolique a porté ses pas et laissé, pour ainsi dire, l'empreinte de ses pieds. Voici ce compte rendu de notre travail.

« Les prochaines fêtes de Béatification et de Canonisation du Père Grignon de Montfort devaient naturellement inspirer les historiens de la Bretagne et de la Vendée — ces deux terres privilégiées de la foi antique, qui furent si fréquemment témoins des éminentes vertus de celui que la voix autorisée du Vatican appelait naguère un « illustre héraut de l'Évangile. »

« Nous n'avons donc pas été surpris de voir apparaître presque en même temps deux biographies qui, l'une et l'autre, viennent juste à leur heure pour faire mieux connaître les pieux mérites du grand apôtre de notre pays.

« La vie que M. l'abbé Quérard vient de faire paraître à Rennes[1], mérite plus particulièrement d'être signalée à ceux de nos compatriotes qui ont conservé un culte pour le saint ermite de la forêt de Vouvent. Le consciencieux auteur ne

1. La *Vie du Bienheureux Louis-Marie Grignion de Montfort*. par l'abbé J.-M. Quérard, missionnaire. Rennes, H. Caillière, éditeur, 1887, 4 vol. in-12.

s'est pas contenté, en effet, de résumer les ouvrages antérieurs, manuscrits et imprimés, il y a encore ajouté une foule de documents précieux, puisés aux sources les plus certaines, et un grand nombre de faits édifiants qu'il a eu la bonne fortune de recueillir dans les différentes localités parcourues par le Bienheureux, des lèvres mêmes des vieillards qui avaient vécu avec les auditeurs du saint missionnaire.

« C'est assez dire l'intérêt que présentent ces pages, qui ont leur place marquée dans toutes les bibliothèques vendéennes. »

René Vallette, *Secrétaire,*

Avocat, Correspondant de la Société des Antiquaires de France.

La *Revue de Saintonge et d'Aunis,* bulletin de la Société des archives historiques, donne aussi un compte rendu de notre ouvrage dans un article biographique, après en avoir fait l'annonce. Le voici :

« Louis-Marie Grignon — l'auteur écrit Grignion sans dire pourquoi — né à Montfort-la-Cane, du diocèse de Saint-Malo, en Bretagne, d'où il tira son surnom, l'an 1673, de Jean-Baptiste Grignion de la Bacheleraie et de Jeanne de la Visuelle-Robert, mort à Saint-Laurent-sur-Sèvre, alors du diocèse de la Rochelle, le 28 avril 1716, fut l'apôtre de la Bretagne et de la Vendée, et évangélisa une grande partie des paroisses de l'Aunis. Sa vie a déjà été écrite plusieurs fois : en 1724, par Grandet, curé de Sainte-Croix d'Angers ; en 1785, par Picot de Clorivière, de la Compagnie de Jésus ; en 1839, par le P. Dalin, supérieur général des missionnaires de la Compagnie de Marie et des Filles de la Sagesse ; enfin, en 1874, par M. Pauvert, archiprêtre de Châtellerault. M. l'abbé Quérard, ancien missionnaire de la Compagnie de Marie, a cru qu'il y avait encore quelque chose à dire sur le Bienheureux, et qu'il fallait rectifier les inexactitudes de ses devanciers. Missionnaire lui-même, il a passé où avait passé son héros ; et il a recueilli sur les lieux maintes traditions inconnues aux précédents biographes, et aussi beaucoup de lettres et d'écrits. Cela lui a servi à composer quatre forts volumes; n'est-ce pas un peu trop ? Le *Bulletin*, VI, 297, a parlé de la *Vie populaire,* par le P. Fonteneau. L'histoire de M. Quérard est plus longue et augmentée de nombreuses pièces, y compris des cantiques. Il y a des chapitres bien intéressants sur les relations de Montfort avec Mme de Montespan, avec Saint-Sulpice, avec l'évêque de Poitiers, celui de Nantes, ses déboires, ses persécutions, ses luttes contre les jansénistes. Mais nous appelons surtout l'attention sur les travaux de notre région. Appelé par l'évêque Étienne de Champflour, il prêche à la Rochelle, en 1711, cinq missions consécutives, convertit Mme de Mailly, s'attache tellement les soldats qu'il les conduit en procession, pieds nus, officiers en tête ; puis il parcourt les campagnes ; en 1712, il est à Esnandes, à Thairé, à Courçon ; en 1713, à Mauzé, à la Rochelle, où il reste malade sept semaines à l'hôpital ; au Vanneau, diocèse de Saintes ; de nouveau à la Rochelle, où il achève l'établissement des écoles charitables, et y installe les Frères de la communauté du Saint-Esprit ; puis à Fouras, « la plus triste paroisse du diocèse de la Rochelle, » à Saint-Laurent de la Prée, où il est déchiré, calomnié ; à l'île d'Aix, où il enthousiasme toute la garnison et la porte à des mortifications et à des austérités inouïes ; encore à la Rochelle en 1715, où il s'occupe de l'établissement des Filles de la Sagesse pour tenir les écoles des filles ; à Tangon la Ronde, où il établit les sociétés des *Pénitents Blancs* et des *Vierges* ; à Saint-Amand, à Fontenay, à Vouvant, à Saint-Pompain, enfin à Saint-Laurent-sur-Sèvre, où il a fondé deux congrégations florissantes, les missionnaires et les Filles de la Sagesse. On sait que plusieurs établissements dans la Charente-Inférieure sont tenus par les religieuses de Montfort. Le livre de M. Quérard a donc, on le voit, un attrait particulier pour nous. »

Nous devons faire remarquer, à cette occasion, que le vrai nom du Bienheureux Montfort n'est point Grignon, mais bien Grignion. C'est par erreur que la cause du serviteur de Dieu a été introduite à Rome sous le nom incomplet de Grignon sans un second i. La Sacrée Congrégation des Rites ne change plus le nom qu'elle a inscrit; c'est à l'historien de le rétablir, nous répondait son secrétaire général en 1887. En effet, ce serait se mettre en contradiction avec les registres publics, avec les propres signatures de la famille et du Bienheureux, avec l'histoire, si l'on ne donnait pas le vrai nom, complet, tel qu'il est écrit et imprimé partout, jusque sur le marbre de son tombeau.

VIII

Nous reproduisons ici le prospectus de notre éditeur, car tous ceux qui ont lu notre *Vie du Bienheureux Montfort* l'ont trouvé très judicieux et donnant une idée exacte de l'ouvrage. Le voici :

Plusieurs journaux, des revues savantes et des semaines religieuses ont déjà rendu un compte bien mérité et fort élogieux de la nouvelle *Vie du bienheureux Louis-Marie Grignion de Montfort*, par M. l'abbé Quérard, missionnaire à Rennes. Il serait trop long de reproduire ces divers témoignages si sympathiques à l'auteur. Qu'il nous suffise d'en citer un seul *in extenso*, qui résume tous les autres et les complète. Nous le prenons dans la *Semaine Religieuse de Rennes* :

« M. l'abbé Quérard vient d'élever un véritable monument historique à la mémoire du Bienheureux de Montfort, notre saint compatriote, dans un ouvrage magistral de quatre beaux volumes de plus de 600 pages chacun.

« On s'étonne tout d'abord de l'étendue de ce travail, et l'on se demande comment la vie d'un homme apostolique, mort à 43 ans, a pu fournir assez d'éléments à la composition de cette grande histoire. Mais il en est de certains grands conquérants des âmes comme de quelques grands conquérants de la terre : ils ont parcouru en peu d'années une longue carrière et fait d'immenses conquêtes. Or, celui que saint Vincent Ferrier avait prédit et salué trois siècles d'avance comme un Envoyé extraordinaire du Tout-Puissant dans le monde, pour y opérer de grandes choses en dépit des contradictions et des moqueries des hommes, a grandement réalisé les prédictions de l'apôtre espagnol et rempli largement, pour l'époque, sa belle et haute mission providentielle. L'enfant de Montfort, l'étudiant de Rennes, le séminariste de Paris, le jeune missionnaire de Nantes, l'apôtre de Poitiers et de la capitale de France, de la Bretagne, la Vendée, l'Anjou, l'Aunis, et voire même la Saintonge et la Normandie, a laissé partout l'empreinte de ses pas et des monuments de son passage et de son apostolat. Qu'on parcoure du regard les tables des quatre volumes de cette admirable histoire, les titres des chapitres et des paragraphes, et l'on ne sera plus étonné que d'une chose : de la richesse, de la variété et de l'abondance des matières trop à l'étroit dans ces 2,500 pages.

« L'historien s'efface et met constamment son héros en scène. Il le représente et le peint sur toutes les faces et dans toutes ses attitudes, en repos comme en action. Il y a toujours de l'ampleur dans son récit, et pour l'enrichir il sait mettre à contribution les historiens ses devanciers, qu'il complète, harmonise et rectifie au besoin.

« Il a eu aussi le bon goût de ranger à leur place, dans le cours de son récit, les documents épars dans les vies précédentes, au lieu de les grouper sous des titres divers, comme les autres biographes, et d'en faire autant de bouquets, à la fin de son ouvrage, car c'eût été le dépouiller et l'appauvrir.

« Enfin, l'historien retrace si bien la vie de l'Envoyé de Dieu et décrit si bien ses travaux apostoliques, qu'on semble assister soi-même à ses missions et le suivre dans toutes ses voies, avec le plus vif intérêt et la plus grande édification. Tous ceux qui désirent connaître ou mieux connaître ce grand serviteur de Jésus et de Marie, et profiter de ses exemples et de ses leçons, voudront lire et relire cette histoire. Ce n'est point un ouvrage qu'on ne lit qu'une fois et qu'on relègue parmi tant d'autres qu'on ne relit jamais; mais tout est à apprendre et à retenir : c'est un trésor de science inépuisable ; il semble que l'apôtre s'y révèle lui-même et qu'il imprègne toutes ces pages de l'onction pénétrante qui s'exhalait de sa personne et de ses discours.

« Cette lecture sera toujours goûtée du peuple, car jamais apôtre ne l'aima plus que le Bienheureux de Montfort, et n'exerça sur lui une plus grande et plus salutaire influence. Les savants, les théologiens les plus profonds et les plus éminents trouveront, comme l'illustre Père Faber, sur quoi exercer leur intelligence, en confrontant leur science avec la sienne dans le dogme, la morale et l'ascétisme, et en le suivant sur le terrain pratique de ses missions, où son sublime enseignement est confirmé autant par des fruits merveilleux que par des prodiges sans nombre. Ce mystérieux Personnage devant jouer un grand rôle par ses exemples et sa doctrine dans l'évangélisation universelle des peuples et dans le glorieux avènement du grand règne de Jésus et de Marie dans le monde, il sera toujours nécessaire d'étudier sa vie, ses écrits et son apostolat, qui doit servir de modèle aux apôtres des derniers temps, et de revenir sans cesse puiser aux sources de son histoire. C'est pourquoi cet ouvrage de M. l'abbé Quérard a une importance majeure, d'autant qu'il révèle et fait parfaitement connaître cet Envoyé extraordinaire du Tout-Puissant. »

Le *Journal de Rennes* a aussi reproduit cet article.

Cet ouvrage reçoit de jour en jour l'accueil le plus chaleureux. Une vingtaine de prélats, parmi lesquels des archevêques et des cardinaux, ont daigné écrire de leur propre main à l'auteur, et le féliciter d'avoir mené à bonne fin un tel travail. L'un d'entre eux termine sa lettre en ces termes : « Pour ma part, Monsieur l'abbé, je vous remercie et je vous félicite d'avoir mis dans une si vive et si complète lumière les leçons de l'*Apôtre*, les exemples du *Saint*, les prédictions du *Voyant*, tous ces enseignements enfin si bien faits pour nous guérir, nous fortifier et nous sauver. » Des écrivains de renom, prêtres, religieux et laïcs, ont également apprécié très favorablement cet ouvrage monumental.

L'Éditeur.

C'est aussi en lisant cette *Vie du Bienheureux Montfort* que l'artiste Resnays, de Rennes, a si bien réussi à reproduire le portrait fidèle et la physionomie morale et religieuse du grand apôtre de la Bretagne et de la Vendée, comme il se plaît à le reconnaître et à le publier. Celui qui a le mieux réussi après lui, au concours, s'était également inspiré en lisant le même ouvrage. Tout le monde sait que Sa Sainteté le pape Léon XIII a félicité l'auteur de cette magnifique statue d'argent et que, de son propre mouvement, il a voulu le récompenser en le nommant chevalier de l'Ordre de Saint-Grégoire le Grand. Bien plus : l'illustre pontife fit aussitôt porter cette ravissante statue sur son propre autel où il célèbre tous les jours les saints mystères, afin de l'avoir constamment sous les yeux, et de prier, de glorifier sans fin le Bienheureux Montfort. Chose frappante et coïncidence admirable! Le ciel a voulu exalter le plus grand apôtre de la Papauté des temps modernes, à la même heure qu'il exalte plus haut que jamais la Papauté elle-même, dans la personne sacrée de Léon XIII. Et si l'archidiocèse de Rennes a aujourd'hui, dans ces circonstances, un éminent Cardinal à sa tête, n'est-ce pas aussi une attention particulière de la divine Providence qui l'a ainsi ordonné pour honorer le diocèse du Bienheureux et donner plus d'éclat à ses fêtes dans sa ville natale de Montfort? Rien ne préparera mieux les populations à la célébration de ces fêtes et n'excitera en elles un plus saint enthousiasme, que la lecture de la vie complète de celui qui sera éternellement la gloire de son pays, de la Bretagne comme de la Vendée. Nulle part le Serviteur de Dieu n'a séjourné plus longtemps, n'a répandu plus de prières, pratiqué plus de vertus qu'à Montfort et ses alentours. Là est son berceau, là il grandit, là il est devenu le modèle de l'enfant, le modèle de l'adolescent, le modèle du jeune homme, et plus tard le modèle de l'homme apostolique et du solitaire dans son ermitage de Saint-Lazare. Si ces lieux qu'il a habités ne portent plus l'empreinte de ses pas, ils en gardent et en garderont le perpétuel souvenir, et sont encore tout imprégnés du parfum de ses vertus. Mais c'est surtout à Saint-Lazare de Montfort, où il a résidé près d'une année entière dans l'intervalle de ses courses apostoliques, et où il voulait fixer pour un temps sa demeure, en évangélisant son pays, que se rattachent davantage ses souvenirs. C'est par un religieux respect pour sa mémoire dans ce lieu béni que nos missionnaires de Rennes ont voulu acquérir depuis longtemps et garder à perpétuité cette terre privilégiée, cette sainte et mystérieuse montagne où s'est passé tant de prodiges et où ils vont se renouveler et se perpétuer jusqu'à la fin des temps en faveur des pèlerins qui viendront y prier le Bienheureux et réciter son rosaire.

IX

Avant de terminer ce long mémoire justificatif, il est bon d'expliquer, en quelques mots, les raisons secrètes de l'opposition qui nous est faite, afin que le lecteur voit du premier coup d'œil d'où elle provient. Il ne convient guère de parler de nous et de notre travail, mais nos critiques ne cessant de remuer et de répandre partout des bruits défavorables à la diffusion de notre *Vie du Bienheureux Montfort*, nous avons été contraint de prendre la défense de la vérité historique que nous avons pour nous. *Factus sum insipiens, vos me coegistis.* II Cor., XII, 11. — Ils pressentent bien la portée de cet ouvrage, mais comme il met en lumière des actes et des faits qu'ils avaient un intérêt privé et malentendu à laisser dans l'ombre, ils voudraient l'anéantir, s'il était possible. Ils ne réussiront pas, et ne contribueront qu'à rendre plus évidentes et leurs erreurs et les vérités contraires. La vie de cet Envoyé extraordinaire du Tout-Puissant dans le monde, telle qu'elle est en elle-même et telle que nous l'avons présentée au double point de vue de la doctrine et de l'histoire, est, comme l'a dit un grand évêque, la condamnation de toutes les erreurs modernes, et comme telle, elle doit soulever des contradictions nombreuses et persistantes de la part de leurs partisans. Jamais peut-être un homme apostolique n'a été plus contredit ni plus combattu de son vivant et après sa mort, et aujourd'hui que le Ciel le glorifie et grandit sa mission providentielle, il le sera encore et plus que jamais à l'avenir, puisque, selon ses propres prédictions, son enseignement doctrinal et pratique doit détruire l'idolâtrie, les schismes et les hérésies dans le monde pour y établir le grand règne de Jésus et de Marie. Historien véridique de cet incomparable apôtre et admirateur de ses œuvres, nous nous attendions à partager, en quelque manière, ses tribulations et le sort de ses amis. C'est ce qu'il écrivait à sa chère sœur Louise, religieuse du Saint-Sacrement à Rambervillers, en ces termes : « Je ne suis jamais dans un pays, dit-il, que je ne donne un lambeau de ma croix à porter à mes meilleurs amis, souvent malgré moi et malgré eux ; aucun ne peut me soutenir et n'ose se déclarer pour moi qu'il n'en souffre, et quelquefois, qu'il ne tombe sous les pieds de l'enfer que je combats, du monde que je contredis, de la chair que je persécute. »

C'eût donc été un mauvais signe pour nous et un triste présage pour le succès de notre livre, si les épreuves et les contradictions ne fussent venues, quasi de toute part, justifier nos prévisions et nous donner à porter un lambeau de la croix de Montfort. Le Bienheureux, sauf de rares exceptions, fut autant combattu par les bons que par les méchants. Pour son historien, il n'a encore rencontré jusqu'ici que des hommes de bonne foi et bienveillants à le contredire ou à lui prêter des inexactitudes et à se croire obligés de critiquer son ouvrage. C'est pourquoi il les excuse bien volontiers; et s'il en était qui lui fussent hostiles, il leur pardonnerait de grand cœur, si, comme Montfort, il ne faisait des prières et des neuvaines pour ses ennemis. Ce qui lui a été le plus pénible dans toutes ces épreuves, ce n'est pas tant le préjudice qu'elles lui ont causé, après bien des labeurs et bien des sacrifices, que les obstacles et les retards mis à la propagation d'un livre qui pouvait édifier les fidèles, les enflammer de l'amour de Dieu et contribuer à mieux faire connaître et apprécier un apôtre dont la mission providentielle doit s'étendre au monde entier et se perpétuer jusqu'à la fin des siècles.

Il y a aussi un préjugé très spécieux contre la parfaite exactitude de notre ouvrage, c'est qu'il n'a point été composé par un des missionnaires actuels de la Compagnie de Marie, et qu'il semble que les Congrégations du Bienheureux Montfort n'aient point voulu l'agréer. A cela nous répondrons que nous sommes le seul des anciens missionnaires de la Compagnie de Marie à avoir fait une longue et sérieuse étude spéciale de la vie et des œuvres de cet incomparable apôtre des temps modernes, dès avant notre entrée dans la congrégation, durant une quinzaine d'années que nous y avons été, et depuis bientôt vingt ans, nous n'avons guère cessé de nous occuper de cet important travail, car nous ne voyions personne en mesure de l'entreprendre dans des conditions aussi favorables. Il fallait d'ailleurs que l'historien eût toute sa liberté et toute son indépendance pour être plus impartial et offrir au public plus de garanties d'exactitude; car on peut toujours suspecter de partialité ou d'exagération celui qui écrit l'histoire de son propre fondateur. Il est vrai que nous demeurons toujours attaché au Bienheureux par toutes les fibres de notre être, mais il était trop ami de la vérité pour que nous ne soyons pas très véridique à son égard. Et c'est précisément pour avoir respecté trop scrupuleusement la vérité historique en tout ce qui le concerne, que nous avons pu nous trouver parfois en désaccord avec ses autres biographes. Bien que nous nous soyons appliqué à ne rien écrire qui pût déplaire à ses congrégations, il est possible, il est fort probable qu'elles se trouvent sur quelques points en contradiction avec nous, faute d'érudition. Mais elles doivent savoir que l'intérêt que nous portons à la cause de leur saint fondateur se reporte sur elles-mêmes ; car nous cesserions d'aimer l'instituteur si nous cessions d'aimer et d'estimer ses institutions. Si notre œuvre ne leur est pas agréable, elle leur est utile, puisqu'elle leur a déjà servi à corriger bon nombre d'erreurs dans la *Vie abrégée du Bienheureux Montfort* qu'elles ont publiée six mois après la nôtre. L'auteur de cet abrégé le constate lui-même à la page 106, sans toutefois nous attribuer le mérite de ces rectifications.

« Jusqu'ici, écrit-il, les historiens du serviteur de Dieu n'ont pas compris ou n'ont pas fait assez remarquer qu'il avait fait deux voyages à Paris, en 1702 et en 1703. Nous-même nous avouons que, par erreur, en nous appuyant sur les récits de nos devanciers, nous avons parlé ailleurs comme s'il n'avait fait qu'un seul voyage à cette époque. »

Notre ancien confrère, auquel nous avions fait hommage de notre livre en février 1887, est encore loin d'avoir rectifié toutes ses erreurs. A la page 60 de sa biographie, il fait passer un mois au Bienheureux à Poitiers et entreprendre de nombreux travaux apostoliques lors de son premier voyage, en fin d'avril 1701, tandis que le jeune missionnaire nous apprend lui-même qu'il n'y passa que cinq jours, arrivée et départ compris. Tout ceci prouve bien que mes anciens confrères n'étaient pas en mesure de composer ou plutôt de recomposer la vie de leur saint fondateur.

Le Bienheureux Montfort, par sa mission providentielle, n'appartient pas seulement à ses congrégations, mais au monde catholique qu'il doit évangéliser par la connaissance et la pratique de sa Parfaite dévotion à la Sainte Vierge, par l'établissement du grand règne de Jésus et de Marie dans le monde. C'est pourquoi il est loisible à tout catholique de publier la vie et les œuvres de ce précurseur des apôtres des derniers temps. Et au jour où la sainte Église l'élevait sur les autels, il convenait que la Bretagne, son pays natal, s'unît à la Vendée, sa seconde patrie, pour célébrer ses gloires.

X

Encore quelques témoignages en faveur de notre vie complète du Bienheureux Louis-Marie de Monfort.

La savante *Revue des Études religieuses, philosophiques, historiques et littéraires*, publiée par les Pères de la Compagnie de Jésus, consacre un article spécial à la mémoire de notre Bienheureux, dans sa livraison d'avril dernier, et nous fait l'honneur de signaler notre ouvrage comme la *somme historique* de ce grand serviteur de Dieu. Nous rapporterons ici la première partie de ce long et intéressant article, composé et signé par le R. P. J. Burnichon, S. J.

Le Bienheureux Grignion de Montfort (1673-1716).

I

Le 22 janvier dernier, le Souverain Pontife a inscrit au catalogue des Bienheureux le nom d'un prêtre français, Louis-Grignion de Montfort. Si l'on excepte les provinces de l'Ouest, où le grand missionnaire a laissé un impérissable souvenir, ce nom est à peu près celui d'un inconnu. Ouvrez les dictionnaires d'histoire et de biographie, vous n'y trouverez pas Grignion de Montfort; il n'a pas été jugé digne de figurer dans ces longues colonnes où cependant l'on voit défiler tant de gens ignorés et dignes de l'être.

Et pourtant, Grignion de Montfort fut un géant, un de ces hommes qui remuent les peuples, qui marquent toute une génération de leur forte empreinte. Mais ce fut un prêtre et un saint, double raison à l'heure présente pour que les dispensateurs de réputation fassent silence sur lui.

La France officielle s'est éprise depuis quelques années d'un beau zèle pour la gloire d'une foule de personnages qui avaient été plus ou moins négligés jusqu'ici. On a exhumé de l'oubli un nombre incalculable de célébrités en tout genre, savants, artistes, voyageurs, hommes d'État, inventeurs, instituteurs et institutrices, comédiens et comédiennes, etc. ; les statues ont été prodiguées et les rues de nos villes ont dû perdre leurs anciens noms pour recevoir ceux des nouveaux venus au temple de mémoire.

En même temps les recherches des érudits ont mis en lumière les faits et gestes de quantité de gens qui peut-être ne méritaient pas tant d'honneur. Pas un nom tant soit peu saillant dans l'histoire, fût-ce celui d'une courtisane, qui ne devienne l'objet d'études minutieuses. Seuls, nos Saints ne bénéficient pas de ces distributions de renommées faites d'une main si libérale. On tâche, au contraire, à épaissir l'ombre autour de leur mémoire, alors même qu'ils sont, au pied de la lettre, des gloires nationales. On pourrait citer telle municipalité imbécile qui a fait gratter le nom de saint Vincent de Paul sur les plaques des rues pour mettre à la place Voltaire ou Diderot.

Aussi, malgré les efforts louables de ses historiens[1], le grand missionnaire de la Vendée était

1. Il faut mettre au premier rang M. l'abbé Quérard, missionnaire apostolique, lequel vient de donner la vie du Bienheureux Grignion de Montfort, en 4 vol. in-12 (Rennes, Hyacinthe Caillière, 1887). Avant lui, ce sujet avait été traité d'abord par Grandet, contemporain et ami du Bienheureux; puis par le P. de Clorivière, premier provincial de la Compagnie de Jésus, en France, après son rétablissement en 1814 ; par le P. Dalin, supérieur de la Société des missionnaires fondée par le Bienheureux; enfin par l'abbé Pauvert, curé de Châtellerault. M. Quérard a profité des travaux de ses devanciers et les a complétés par des recherches personnelles de quarante années.

resté dans cette demi-obscurité que la célébrité a de la peine à percer quand la religion l'accompagne. La France ne l'aurait pas connu, si l'Église n'était venue le lui révéler. Elle a pris « ce pauvre dans sa poussière et elle l'a fait asseoir parmi les princes du peuple de Dieu. »

C'est notre devoir, à nous, de faire écho à la voix de l'Église, quand elle glorifie nos Saints. Puisque l'ennemi organise autour d'eux la conspiration du silence, ce serait être complice que de se taire.

A côté du devoir, il y a peut-être aussi un droit spécial pour la Compagnie de Jésus à se faire entendre dans la glorification de Montfort. Pourquoi le dissimuler? Ce grand serviteur de Dieu fut de son vivant singulièrement maltraité par d'autres serviteurs de Dieu. Il ne faut pas trop s'en scandaliser, pas même s'en étonner. Les Saints seront toujours contredits. Puis, à vrai dire, Montfort avait ses manières à lui qui n'étaient pas pour plaire à tout le monde. Mais, c'est la remarque de tous ses historiens, la Compagnie de Jésus lui fut toujours secourable. « Rejeté de partout, comme une balle dans un jeu de paume, » selon ses propres expressions, il venait se réfugier chez

Comme il arrive souvent aux érudits qui ont amassé beaucoup, il a eu moins de souci de mettre en ordre ses richesses que de n'en rien laisser perdre. Néanmoins son ouvrage, allégé de quelques vivacités dont l'histoire peut se passer, restera vraisemblablement la *Somme historique* du Bienheureux Louis Grignion de Montfort.

ses anciens maîtres[1], s'enfermer dans quelque collège et y faire sa retraite; à différentes reprises plusieurs Pères s'adjoignirent à lui pour ses missions, et quand il mourut, à Saint-Laurent-sur-Sèvre, son oraison funèbre fut prononcée au collège de la Rochelle. Certes, il ne s'agit point ici d'un parvenu, autour duquel les amis de la veille ont à craindre d'être supplantés par les courtisans de la fortune ; mais encore c'est une jouissance légitime d'acclamer le triomphe de celui que l'on n'a point délaissé aux jours mauvais.

Le Bienheureux Grignion de Montfort est une figure originale et puissante, faite pour captiver l'imagination des contemporains. Au moyen âge la légende s'en fût emparée, Montfort fût devenu un personnage de taille surhumaine. Tel qu'il nous apparaît en pleine lumière du XVIIIe siècle, c'est un homme extraordinaire, qui accomplit une mission providentielle.

A cette heure de transition, les splendeurs et les excès du grand règne qui s'éteint, la corruption des hautes classes, l'action persévérante du gallicanisme qui détache peu à peu les peuples de l'Église, le souffle janséniste qui dessèche la sève chrétienne, tout cela prépare l'éclosion de ce scepticisme orgueilleux qui s'épanouira sur les pourritures du siècle de Louis XV. Ces principes dissolvants sont en pleine fermentation. Alors Dieu suscite ce prêtre breton. Au milieu d'une

1. Grignion de Montfort fit ses études au collège de la Compagnie de Jésus, à Rennes.

civilisation raffinée et décrépite, il paraît avec toutes les rudesses de sa forte nature ; la grâce n'en a point poli les rugosités. Il prend au pied de la lettre les maximes de l'Évangile, et sans ménagement d'aucune sorte, règle toute sa conduite d'après le code de cette prudence à rebours que saint Paul appelle la folie de la croix. Toutes les sublimes extravagances que présente la vie des saints d'autrefois, vous les retrouvez en ce prêtre français presque contemporain de Voltaire. Il tient fort peu de compte des idées reçues, néglige absolument les convenances mondaines et semble même faire assez bon marché de certaines bienséances sacerdotales. Là-dessus, un entrain, une verve qui ne craint pas le mot pour rire. Avant de monter en chaire, il se donne une sanglante discipline : Quand le coq, dit-il, s'est bien battu les flancs, il chante plus clair. Vainement les directeurs de Saint-Sulpice déconcertés le rappellent « aux règles ordinaires ». Elles ne sont pas faites pour lui. Dans ses voyages, il va quêter sa nourriture au presbytère. Il entre, trouve nombreuse compagnie à table, se met à genoux, récite l'oraison : *Visita, quæsumus,* etc... et demande un morceau de pain. On le prend pour un fou et on le traite comme tel. Dans l'intervalle de deux missions, il se retire dans quelque ermitage au milieu des bois. Les paysans vous montreront l'*oreiller du P. de Montfort,* c'est un quartier de rocher où il appuyait sa tête, quand il tombait de sommeil.

Il n'a vraiment aucune notion du respect humain. Il arrive dans un village pour y donner la mission ; il trouve toute la population en liesse, garçons et filles en train de danser. Il s'en va réciter son rosaire au milieu de la farandole, et au bout d'un moment, il faut que tout le monde le récite avec lui. Les esprits forts du lieu font tapage au cabaret pendant qu'il prêche à l'église. Il vient leur adresser des remontrances, on ne l'écoute pas. Il recourt alors aux grands moyens, renverse les tables et les brocs, et jette à la porte les buveurs ahuris. Un blasphème a-t-il frappé son oreille, Montfort aborde le coupable en pleine rue, et, fût-il gentilhomme et portant l'épée, le contraint de se mettre à genoux et de baiser la terre. L'inconfusible missionnaire entre dans les maisons de débauche, tient tête aux polissons qui le menacent de mort, fait rougir et pleurer les pauvres créatures qui s'y vendent, et les emmène converties.

La prédication de Montfort est à l'avenant ; son genre oratoire échappe absolument à l'analyse. Il prêche n'importe où, grimpé au besoin sur un arbre. Une foule immense est réunie pour l'entendre ; il monte en chaire, on le dévore des yeux, on attend qu'il parle. Lui, pas un mot ; mais il tire son grand crucifix et le montre à l'assistance avec une telle flamme dans le regard que tout ce peuple se prend à frémir et à crier miséricorde.

Souvent la curiosité lui amène des auditeurs

point bénévoles du tout, des gens d'esprit, des prêtres parfois qui ont envie de rire des excentricités du missionnaire. Au bout de quelques instants, ils sont saisis, subjugués, terrassés ; ils se frappent la poitrine et pleurent comme les petites gens.

Ce prêcheur campagnard a des triomphes d'éloquence inconnus aux Chrysostomes. Il est obligé de s'arrêter, interrompu par les sanglots de son auditoire : « Mes chers enfants, s'écrie-t-il, ne pleurez pas ; vos pleurs m'empêchent de parler ; si je ne me retenais, je m'abandonnerais moi-même aux larmes. » Personne ne résiste à son entraînement. Des bandes d'hommes de guerre, terreur de la contrée, deviennent dociles comme des jeunes filles. Il les fait aller en procession, récitant le rosaire et chantant des cantiques.

Mais c'est son peuple surtout, son bon peuple des campagnes de l'Anjou et de la Vendée, que Montfort tient en sa main. Il semble que son âme de feu ait passé dans ces multitudes. Une fois, il a conçu un plan gigantesque ; il veut ériger un Calvaire dans des proportions qui exigeraient les ressources d'un royaume. L'entreprise est insensée, impossible. Montfort en a fait part à son peuple. Et voilà que des milliers de travailleurs sont à l'œuvre ; au centre de la lande désolée de Pont-Château, on creuse une triple enceinte de fossés et on élève une montagne. Le travail dure quinze mois ; on y voit souvent plus de cinq cents ouvriers et de cent paires de bœufs, et parmi ces manœuvres, il y a des prêtres, des gentilshommes, des femmes ; il y en a qui viennent de Flandre et d'Espagne. L'homme de Dieu prêche son armée d'ouvriers par la parole et par l'exemple ; doué d'une force herculéenne, il transporte lui seul des blocs de rochers. Et quand le merveilleux ouvrage tire à sa fin, que la croix se dresse au point culminant, dominant toute la lande à plusieurs lieues à la ronde, Louis XIV, à qui on a persuadé que le Calvaire pourrait bien servir de forteresse aux Bretons révoltés, envoie ses intendants pour tout détruire.

Le Père de Montfort fut toute sa vie l'objet de contradictions acharnées et dévora d'incroyables avanies. Banni de plusieurs villes, vingt fois frappé par l'autorité ecclésiastique [1], obligé de mendier sans cesse d'un diocèse à l'autre la liberté de son apostolat, heureux quand on se bornait à lui dire, comme cet évêque d'Avranches : Le seul service que je vous demande pour mon diocèse, c'est que vous en sortiez au plus vite. Montfort parut réaliser en sa personne l'énergique expression de saint Paul, rebut et *raclure* du monde [2].

La singularité tout apostolique du saint homme explique une partie de ces désagréments : les

1. Il faut tenir compte pourtant d'une note du cardinal Villecourt, faisant observer que Montfort n'a jamais été *interdit* au sens canonique du mot. Des évêques lui *interdisaient* l'exercice du saint ministère, ce qui est bien différent.

2. *Omnium peripsema.*

rancunes jansénistes firent le reste. La secte était alors à l'apogée de sa puissance ; une partie considérable du haut clergé lui était inféodée. On peut juger de l'intensité du mal par le cri d'alarme que poussait Fénelon dans le mémoire qu'il adressait en 1710 au Père Letellier, confesseur de Louis XIV : « Si les choses durent ainsi, il faudrait un miracle de la Providence pour empêcher qu'il n'arrive un schisme dans la première occasion favorable au parti janséniste. Tous ceux qui étudient en Sorbonne, excepté les séminaristes de Saint-Sulpice et quelques autres en très petit nombre, entrent dans les principes de Jansénius... La plupart des évêques sont prévenus par leurs docteurs en licence qui deviennent leurs grands vicaires et qui infestent leurs diocèses. »

Le schisme qui était dans l'air à l'aurore de ce méchant siècle trouva dans l'Assemblée de 1791 « l'occasion favorable » que pressentait Fénelon. Chose singulière et point assez remarquée, les hommes qui firent la Constitution civile du clergé, sitôt suivie du massacre des prêtres, n'avaient pas d'expressions assez fortes pour protester de leur attachement à la religion catholique et à l'Église. Seulement, ils entendaient l'Église et la religion catholique, moins le Pape. Grâce au jansénisme et à la déclaration de 1682, on s'était accoutumé à s'en passer. Montfort entra en lice contre la cauteleuse hérésie avec la rude franchise et l'intrépidité de son caractère. Il ne faut pas s'étonner si la secte lui fit large part de ces haines. Son apostolat fut dans l'Ouest la véritable réaction contre le Jansénisme. Apôtre de la sainte Vierge, de l'Eucharistie et du Sacré-Cœur, Montfort infusa dans l'âme de ces populations une piété simple, tendre et forte, qui devait protéger leur foi contre toutes les habiletés et toutes les violences.

Ce missionnaire incomparable mourut en 1716 à Saint-Laurent-sur-Sèvre, où il donnait la mission. Il était à peine âgé de quarante-trois ans. Des travaux surhumains, d'effrayantes austérités et le poison que les protestants lui avaient administré à la Rochelle avaient usé avant le temps sa constitution robuste comme les granits de son pays natal. Pendant seize années, il avait évangélisé les petits et les pauvres dans toute la région de l'Ouest, moins l'extrémité de la presqu'île bretonne. Traité de visionnaire et de fou, honni, chassé, assommé, ce disciple passionné de la croix avait produit un ébranlement qui ne devait pas finir avec lui. Si l'on veut avoir le secret de la résistance de l'Ouest au torrent révolutionnaire, il ne faut pas chercher ailleurs. Les grands missionnaires du XVIIe siècle, les Nobletz et les Maunoir en Bretagne, les Montfort en Vendée, sont les pères de ce peuple de géants qui tint en échec les armées de la Convention. »

Tous ceux qui ont lu notre ouvrage et cet article du savant Jésuite, reconnaissent que ce Père s'en est rendu parfaitement compte dans ses études sur le Bienheureux Montfort. Un supérieur de missionnaires nous fait aussi le plaisir de nous adresser ses félicitations et ses remerciements. Voici quelques extraits de son épître.

2 mai 1888.

MONSIEUR L'ABBÉ,

Daignez permettre à un missionnaire qui vient de lire votre belle vie du Bienheureux Grignion de Montfort, de venir vous demander quelques renseignements.

Votre ouvrage est très bien écrit, vous défendez parfaitement le Bienheureux contre ses ennemis acharnés.

Je voudrais qu'une si belle vie fût lue par tout le monde, afin que le saint que nous admirons pût convertir encore plus d'âmes après sa mort que pendant sa vie.

Ne connaissant pas votre adresse, je me sers de votre éditeur pour vous faire parvenir ces quelques lignes. Je vous remercie d'avoir fait connaître à la France un si grand apôtre. La lecture de vos quatre beaux volumes m'a fait le plus grand bien, et par le même courrier je demande à M. Caillière de m'envoyer *La mission providentielle.*

Ne pourriez-vous pas résumer cette belle vie dans un seul volume, afin de la populariser parmi les fidèles? Je crois que vous feriez une belle œuvre, et la grande figure de notre saint n'en paraîtrait peut-être que plus séduisante aux yeux du peuple.

Veuillez agréer, Monsieur l'abbé, l'expression de mes plus affectueux sentiments en N. S. J.-C.

Nous nous sommes toujours proposé de résumer notre ouvrage en un volume, à l'usage du commun des fidèles, mais par délicatesse, nous n'avons pas voulu faire concurrence à notre ancienne congrégation qui se disposait à publier un abrégé de la vie de son bienheureux fondateur au profit d'une bonne œuvre. Maintenant nous allons y songer, car il importe d'établir une parfaite harmonie entre une vie populaire et la vie complète du Bienheureux Montfort.

Au moment où l'on achevait d'imprimer ce long *Mémoire,* un ami nous a communiqué un article que publie le *Polybiblion* sur notre ouvrage, dans sa livraison du mois d'avril. Nous croyons utile de reproduire ici ces nouvelles appréciations, afin que nos lecteurs puissent encore se faire une plus juste et plus complète idée de notre travail. Les voici :

« Les échos de Rome nous apportent la nouvelle que N. S. P. le pape Léon XIII, dans une fonction solennelle célébrée le 27 novembre 1887, a prononcé que l'on peut procéder sûrement à la canonisation du Vénérable Louis-Marie Grignion de Montfort. Ce fait doit être accueilli avec joie par tous les cœurs catholiques, c'est un gage certain de voir bientôt ce serviteur de Dieu orné de la dernière auréole que l'Église puisse lui accorder. Ce sera, pour les familles religieuses qu'il a fondées, un stimulant nouveau pour les faire travailler au salut des âmes qu'elles procurent déjà avec l'édification universelle. Pour la France, il y aura là un gage assuré de nouvelles grâces. C'est, en effet, toute la France qui est intéressée à la gloire de Grignion de Montfort, puisque ses fils et ses filles sont répandus dans tout notre territoire; mais la Bretagne, le Poitou, la Saintonge et une partie de la Normandie furent les théâtres principaux de son zèle. Durant quinze ou seize ans, le serviteur de Dieu ne cessa de parcourir ces pays et d'y annoncer la parole de Dieu avec une force et une bénédiction céleste qui produisirent des merveilles. De plus, il y établit les missionnaires, les frères, les sœurs, qu'il avait fondés, et qui continuèrent et continuent même de nos jours les œuvres auxquelles il les avait destinés. Il ne faut pas croire que ce serviteur de Dieu remplit son ministère sans rencontrer de très grandes difficultés; les plus fortes ne lui vinrent pas de la part des libertins et de ces hommes qui sont ennemis de la vertu, par là même qu'elle condamne leurs vices; non, ce furent les jansénistes qui dressèrent devant lui les plus grands obstacles. Non seulement ils le calomnièrent et décrièrent de toutes les manières, mais ils le firent interdire des fonctions ecclésiastiques. Il y a là un chapitre curieux de l'histoire ecclésiastique. M. l'abbé Quérard le fait bien ressortir; mais le point qu'il a surtout en vue, c'est de montrer la parfaite orthodoxie du serviteur de Dieu dans les idées qu'il a émises sur l'état du christianisme durant les derniers temps du monde; puis de prouver les fruits de salut qu'il a produits durant ses missions. Sans doute les historiens précédents avaient traité ces chapitres qui se présentent les premiers à l'esprit; mais aucun ne l'avait fait avec la même abondance de témoignages. Comment M. Quérard s'est-il procuré ces preuves qui avaient échappé à ses devanciers? En consacrant plusieurs années à suivre les traces du Bienheureux Louis-Marie, et en interrogeant partout les témoignages des archives locales et même les souvenirs encore vivants des populations. Il y aurait là un sujet curieux d'étude sur la profondeur des souvenirs que laissent les amis de Dieu partout où ils passent. Notre auteur ne s'arrête pas à ces considérations; son but est de mettre devant les yeux de ses lecteurs les œuvres admirables et fécondes de Louis-Marie, et il remplit ce but abondamment.

« Ce qu'il y a de vraiment au-dessus de tout éloge, ce sont les vertus du serviteur de Dieu et les œuvres qu'il a fondées. M. Quérard a bien mérité de l'Église en mettant les unes et les autres dans une pleine lumière. »

RENNES, ALPH. LE ROY
Imprimeur breveté.

www.ingramcontent.com/pod-product-compliance
Ingram Content Group UK Ltd.
Pitfield, Milton Keynes, MK11 3LW, UK
UKHW021159220726
13924UKWH00003B/1222

9 782019 957490